文治
© wénzhi books

更好的阅读

欲情课

〔日〕渡边淳一／著

陆求实／译

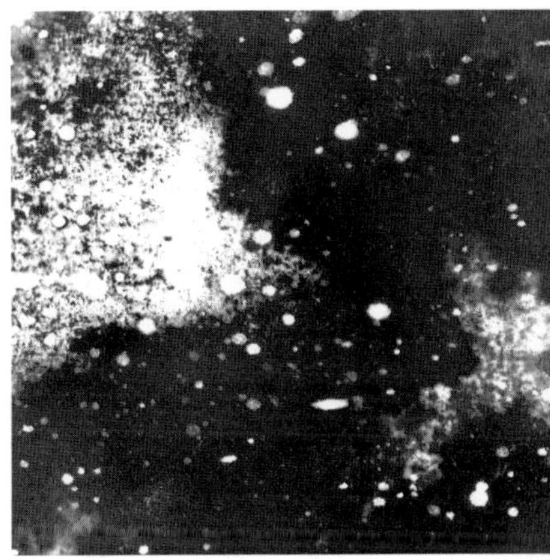

九州出版社
JIUZHOUPRESS

致中国读者

亲爱的中国读者：

许多中国读者爱读我的作品，这令我感到万分欣喜，同时也万分感谢！

我从年轻时起至今，一直专注于描写男女题材的小说。因为我始终认为，男人与女人之间的爱是人类普遍拥有的最高欢悦，也是人最根本的天性之一。因为有了这种欲望，人类才得以繁衍至今，我相信这种欲望仍将永久地延续下去。

然而，男女之爱也是非常复杂和丰富多彩的，因各人的偏好和追求的理想不同而相去甚远，并且因其人或年轻或年老、或已婚或未婚，周围的环境或自由或不够自由，爱的形式也会大为不同。

尽管如此，我仍然希望自己能超越这些个人或社会局限，将贯穿如一、热烈真实的爱情表现出来。

为什么我会如此执着于爱情？

因为我爱女性。坦率地说，我曾经与许多不同女性恋爱，既有过成功的欢喜，也有过失败的沮丧，但我依然爱她们。现在，在我身边也有挚爱的女性陪伴我。

不管怎样，爱情可以跨越国界，越过民族，超脱社会结构和社会制度，是全人类共通的喜悦和财富，没有比虚掷爱情更加令人遗憾的了。

今后我仍将继续描写爱情，一直到我无法再写为止。也请读者们一如既往地支持和鼓励我。

渡边淳一

前言

恋爱，是潜藏于每个人心中的一种本能的欲望。无论谁，进入到思春期之后，都会滋生出这种渴求接近异性、并且和喜欢的异性爱与被爱的欲望。

正因为有了这种欲望，人类才能够得以繁衍生息至今，如果人类心中这种欲望淡薄甚至消亡，那么人类恐怕早就已经灭绝了。

唯其如此，追求异性、男人与女人互爱以至结合，乃是人类最自然不过的表现，是最最能够体现出人类本性的行为。

毋庸讳言，恋爱本该是男生对女生表白、发起攻势的，但也不乏女生主动出击的例子。这种场合，女生往往通过妆饰自身容貌，同时以言行举止等来吸引男生的注意、激起男生的欲情，这大概便是所谓“阴阳易动”吧。

不管怎样，当你怀有好感的异性对象一旦出现时，就必须设法将自己的想法表示出来，表白好感和爱意是来不得半点踌躇的。

可是在现实生活中，当真正开始恋爱时，男生和女生之间仍然会产生出各种各样的困惑和问题。不仅如此，在进入恋爱阶段之前，不少人还会陷入彷徨和畏缩不前。

明明追求对方，为什么不能够坦率地将自己的想法传达出来呢？遇到这种情况，一定会心烦意乱、闷闷不乐，进而对自己感到失望吧？为什么有的人能够顺顺当当地俘获心仪的恋人，而有的人却屡战屡败，到头来依旧无法俘获异性的心，只得过着孤独无趣的单身生活呢？

这里就向我们提出了一个十分重要的问题，那就是恋爱中的规则和礼法。

恋爱的终极目标在于两性身与心的共许，以至结合为一体，爱的本质无非是男女双方互相吸引、互相追求这一欲情的实现过程。然而在这个实现过程中，并不是只靠勇敢和热情，随心所欲地向前冲锋，而是确确实实存在着一些谁也无法避开的规则。

可以指出的是，所谓恋爱，其实是“不仅仅在性别上，而且在家庭出身、教育背景、价值观等各方面都迥然有异的一对男女从互相爱慕到结合的过程”。正因为如此，每一对男女都是千差万别、绝无雷同的，因此，也就决定了没有一张处方可以普适于所有恋爱男女。

阅读本书之后，相信可以对了解对方、理解对方有所裨益，并且或许就可以从中受到鼓舞，增添力量，从而成就一段新的恋爱。

切勿灰心丧气。

拙于恋爱的男生也好，女生也好，你们都有成就美好恋爱的机会，因为你们都是对异性怀有梦想和欲望的健康的男生和女生。

目　录

· 第一课 ·

男人注定是被甩的

女人在接受男人的时候，就如卵子比较、挑选精子一样，也是极为慎重的。理解了这些，男生就会明白，无法轻易获得女生的芳心、接二连三地遭到拒绝，其实是再正常不过的事情了。

“我可不想没等表白，恋爱八字还没一撇，就被她甩掉。”

“既然打算恋爱，我希望与所喜欢的女生发展得越快越好，尽快敲定下来。”

或许不少男生会这样默默祈祷和自我激励吧。相对于女生，男生更加欠缺等待的能力，因此性急莽撞也是极其自然的。

不过且慢，在你心烦意乱、性急行事之前，有些事情是你必须先做的——尽管不是很容易就能做到，但只要你想做，还是可以做得到的——然后，请你重新再认识一下你自己。

观察自己的精子

“观察我自己的精子？”或许会有人诧异不已。其实，做这件事情出乎意料地简单。

让我来简略地告诉你该如何做。

就像男生中有人偷偷做过的那样，用自己的手射精便可以了。

当然仅仅如此是不行的。要将射出的精液盛放在玻璃容器里，再倒入一些生理盐水，然后，拿出小学生上课时使用过的显微镜，用吸量管吸取一些混合在生理盐水中的精液，放在显微镜下，这样就可以轻而易举地观察到自己的精子了。

一般来说，精子全长仅为 0.06 毫米，呈洋梨形状。说得通俗易懂些，精子就像只顶着个大大的脑袋、拖着一条长长尾巴的蝌蚪，它在生理盐水中前后左右不停地剧烈运动着。

不用说，这就是一切生物的起点。

看到显微镜下这些一刻也不肯安静，狼奔豕突般活蹦乱跳、横冲直撞的小东西，你就会明白自己现在为什么会欲情萌动、难以宁定了。此外，你还会意识到，为什么自己会因为各色各样的女生而眼花缭乱，自己为之苦恼的性格原来就是由这儿形成的。

因此完全可以说，精子是决定所有男性生理和心理的原点，也是男性的象征。

卵子是怎么回事

另一方面，女人的卵子又是怎么回事呢?

卵子是由卵巢生成、并且每个月通过输卵管输送进子宫的。正常情况下，每个月只生成一个卵子。

卵子不像精子那样可以简单地观察到。

我们平常所说的妊娠，其实就是无数的精子涌向卵子，并且其中的一个精子最终进入到卵子中这样一个过程。

这个场面就好似无数士兵向一座坚固的城堡发起攻坚，但只有冲锋在最前的一个勇士才能攻陷城池，得以进入其中。而在这一瞬间，所有的城门都会立即紧闭，其余的士兵只能麇集在城堡四周，互相挤压着，累尸叠骸，无一幸免。

换句话说，能够进入到卵子中的精子只有一个，在它一旦进入之后，卵子的外侧立即紧紧闭锁起来，不让其他精子再进入，而其余的精子只能接受全军覆灭的悲惨下场。

这样对精子来说似乎太过苛刻了吧。但唯有这样，卵子才能保证在无数精子中让那颗最强壮的精子进入自己体内。

事实上，卵子与精子的这种关系，在现实世界的野生动物中雌性动物与雄性动物身上也能观察到。例如在狮子王国中，每个狮群都以一头雄狮子为核心，它与数头雌狮子以及它们的后代狮崽组成狮群，脑袋大而威严、头部长满浓密鬣毛的雄狮除了与雌狮子交配，一般只负责警戒和守护其生息地盘，而狩猎活动则是动作敏捷的雌狮子的工作。换言之，雄狮子是通过守护自己狮群的领地、抵御外敌，才换取从雌狮子那儿获得食物和与之交配的权力。

但是，当雄狮子年老力衰、外部狮群趁势侵入的时候，一场激烈的战争就将不可避免地发生。而此时，雌狮子在做什么呢？

令人目瞪口呆的是，雌狮子此时就像个与己无关的他人似的，对两只穷凶极恶的雄狮子的战争只作壁上观。其中一只雄狮子是迄今唯一与自己交配、生育了后代、而且不遗余力地守护自己和后代的狮子，但这些恩情雌狮子全都弃之不顾，只是静待着战争的结果。

当外来的强者获得最后胜利，战败的雄狮子垂头丧气地落荒而去，雌狮子又欣然地接纳这位外敌，就像什么事情也没有发生过一样，与之交配、生育新的后代。

如此势利冷漠的雌狮子，在夫妻关系中似乎也太绝情了。不过，这仅仅是具有高度理智和文化的人类才有的认识，作为动物的雌狮子是绝对不会这样想的。

通过与更加强悍的雄狮子结合，从而获得更加强壮的雄性遗传因子，生育出更加强壮的后代——对于生活在自然环境极度残酷的非洲热带草原上的动物们来说，这才是天经地义的。倘若不这样，它们就会面临不知道哪一天自己的种群惨遭灭绝的危险。

毫无疑问，与此相似的潜意识，在人类的女性身上一定也存在。

两者的关系

前面所述精子与卵子的关系，也普遍适用于男女之关系。

卵子只接纳一个精子进入到自己体内，而对其余的精子一概加以排斥，相类似的是，女人一旦拥有了爱恋的男人，便会拒绝其他一切男人。

事实上，女性的受精卵只接受一个男性的精血，并将之孕育成两者共同的后代。假使卵子同时接纳多个精子的话，便会造成精血混浊，生育下的后代究竟是谁的后代也难以分辨了。

从这个意义上讲，女人比男人所想象的更为清纯贞洁。

正因为如此，经常可以听到有些女人这样说："为什么女人只能爱一个男人呢……"甚至于有人愤愤不平道："难道女人就只有不幸，只能爱一个男人吗？"

表面上听起来好像是在抱怨和唏嘘，但从另一方面理解，其实也是在自豪地向世人宣言：女人只爱一个男人，所以爱得更深、爱的欢悦也更为强烈；除了所爱恋的男人以外，任何男人无论怎样地花言巧语、甜言蜜语、豪言壮语，都一概不会轻许；同时，这又是对个别拈花惹草的浮浪男人的批判和否定。

不管怎样，男人和女人是如此不同，因此女人不能容忍男人的花心、并坚决与之抗争也是理所当然的。

精子的末路

以上通过精子与卵子的关系，初步审视了男人与女人的关系。这里，令人感兴趣的是，那些没能进入到卵子内的精子，它们的结局又如何呢?

在显微镜下可以很清楚地看到，那些一刻也不肯安静，摇着尾巴活蹦乱跳、横冲直撞，拼命朝卵子冲锋的小东西，它们的结局就像前面提到过的，只有死路一条。

尽管一年中有十二次排卵，但是多数情况下，女性不会妊娠。因此不管性交次数多寡，射入到女性阴道内的精子，几乎全数都变成尸骸，再从阴道被排泄出去。

想一想数字如此庞大的精子的最终下场，男人就应该明白，女人不可能轻而易举地成为自己的掌中物。

即使大举突进，但最终被女性接受的只有一个精子，其余全都是白白送死。明白了这一点，就很容易明白一个道理：“男人注定是要被甩的。”而懂得了男人的这个宿命性的结局，就不再会因为遭到女生拒绝而垂头丧气了。

所幸的是，不同于精子和卵子，男性和女性的数目大体是相当的，而不像精子和卵子那样，在数量上极其不平衡。

但是，正如前面所讲到的，一般情况下女人只会爱上一个男人、许身给一个男人，而不会像男人那样，这个也好，那个也不坏，面对异性眼花缭乱。并且，女人在接受男人的时候，就如卵子比较、挑选精子一样，也是极为慎重的。

理解了这些，男生就会明白，无法轻易获得女生的芳心、接二连三地遭到拒绝，其实是再正常不过的事情了。

再强调一遍：男人被女人拒绝是理所当然的事情，这种理所当然的事情，即使再二再三地碰到，也没必要为之颓丧和消沉。

在理解了“男人注定是要被甩的”基础之上，才能顺利地进入下一阶段。

虽然女人不肯将自己轻许给男人，但是女人的心底里仍然在热切地追求男人。请相信这一点。

·第二课·

只追二兔者不得一兔

切记，成为恋爱达人的第一步，首先便是了解更多的女性，克服怯意，勇敢而温柔地与之相处。

看到这一讲的题目，感觉“咦，不对呀”，有这种反应是正确的。

没错，这是日本古时候的一句谚语，正确的表达应该是“追二兔者，不得一兔”，意为同时追逐两只兔子，最终连一只兔子也捉不到。这句谚语旨在教诲人们，追求某个目标时务必集中精力于一件事情上。

确实，这个也想沾手，那个也想涉足，野心勃勃，贪多务得，最后往往一事无成。例如一个学艺的人既学习钢琴，同时又学习小提琴，还学习舞蹈，或者在体育运动方面，既练习棒球，又练习足球，同时还要练习高尔夫，样样都想学有所成，出人头地，结果肯定是一样也不精。

要想做好一件事情，就必须集中精力全力以赴去做，这才是达成目标的关键。

引申至本讲的重点即追求女性上来，这句谚语是否仍然正确适用呢?

同时追逐两只三只四只兔子

诚然，表面上看，确如字面所说的一样，同时追求两个女生，而要想轻轻松松地如愿以偿着实不是件易事。

然而这里想表达的本意，不是“追二兔者……”而是本讲标题中所说的“只追二兔者……”

将女人比作兔子，恐怕有些不敬，事实上女人可不是轻而易举就能被追求到手的。

即使调动起所有的智慧，甚至使用策略、采取手腕，仍然不会轻松得偿。

正如前一讲中提到的，男人注定是要被甩的，而女人与生俱来具有逃逸的天赋。因此，若非惊艳天下的帅哥俊男或者是口中含着金匙落地的富哥儿，仅仅追两只兔子，到头来绝对是两手空空。

几乎所有只靠自身实力努力争取爱情的男人，必须牢记：不应只盯住两只兔子，完全可以大胆追逐三只、四只兔子，甚至五只兔子。

或许有人会蹙眉摇头：“目标如此分散的话，岂不是最终得不到自己真正喜爱的女生了吗？”

此言差矣。在怀疑甚至提出反驳之前，请先面对镜子，仔细端详自己的姿容，倾听一下自己心底的声音：

“你究竟喜欢她什么，她身上哪一点真正吸引你？”

当你坦率地对心灵提出疑问之后，自然而然就会得出诚实的答案：

“我就是想亲近女生，拥抱女生。”

是的，只要意识到自己真正的需求，就不再会有那么多虚幻的过分要求了。

男人与女人的歧异

男人会从女人身上感受到魅力，从而激发起欲情。究其原委，坦率地讲，其实无非就是性的欲求。美人于前，男人自然会不顾一切地想要抱拥她、吻她，甚而褪去她的衣裳，与之云雨交合。

除去个别有特殊“同志”嗜好的，正常男人都会那样想，那样期盼。

从这个意义上说，男人的欲情是与性密不可分，“就事论事”，即物勃兴，直奔主题的。

在现实生活中也不乏这样的例子：遇见中意的女性，男人会忍不住朝其高挺的双峰之间的乳沟偷偷投去一瞥，甚至幻想着伸手摩挲徜徉其间；看到超短迷你裙，会闪过一觑裙底春光的念头；性感的丰臀从眼前经过，也会不知不觉地紧随于后……

某大学教授曾就男人偷窥女人裙底、“痴汉”在电车上故意揩油诸如此类的屡见不鲜现象指出，这主要是因为男人天生性方面的欲望特别强烈所致的。大多数男人靠道德力和意志力在拼命抑制自己的这种欲望，而非不欲为。

概而言之，几乎所有的男人都期望着与女人肌肤相亲，直至交合，而女人却不会轻易地容许。较之这种肉体上的欢悦，女人更加迷醉恋人的甜言蜜语以及浪漫的氛围。

因此说，男人和女人对于异性的欲情是大相径庭的。

很自然地，相对于柏拉图式的精神恋爱，要想成就这种鱼水之欢的肉体恋爱，男人必须克服各种各样的障碍才能达成目标。

当然，女人一旦喜欢上了心仪的男人，也会迎唇纳吻，也会以身相许。但要走到这一步，也需要有跨越各个阶段的决心。

可是男人却性急，与女人相比，男人缺乏耐久力，持之以恒的忍耐劲儿是男人最大的弱项。所以当男女开始交际恋爱，对于怎么也不肯松懈防线、不愿欣然投怀送抱的女人，男人有时会忍不住心生焦灼、愤愤不满，最后放弃追求。

从中可以看出，男人与女人恋爱的生理以及心理基础是迥然不同的，两者想法完全一致、同步向前几乎是不可能的。

这种巨大的歧异如何才能克服？这里一个关键的方法便是：不能拘囿于一只兔子，而应同时追逐三只兔子、四只兔子。

明日二鸟不如今日一鸟

只拘囿于一只兔子的人，往往很难如愿收到好的结果。避免陷于这种心余力绌困境的唯一良方就是，要将复数的兔子纳入自己的猎射范围。

追求女生也一样，应当同时追求三四个女生，不要仅仅只追求 A 女生，而应当扩大至 B 女生、C 女生甚至有时将D女生也纳入视野。

“那种事情做不到，我只喜欢A女生一个。”这种矫情的话还是不说为妙。

即使从自身喜欢的程度上讲，B女生比A女生要差一截，C女生更次些，但对方怎么说也是女生，而男人的最终目的便是与女人发生交合。这样一想，A女生也好，B女生也罢，C女生也不必多考虑，她们之间并没有太大的差异。不仅如此，从性本身来说，B女生和C女生或许都比自命不凡、高高在上的A女生更加出色。

当然，要将性的关系加以充实，男人的追求方式以及爱恋方式都非常重要，但从第一步肌肤接触来考虑，容许肌肤相亲的女人自然是求之不得的。

因为只要建立起这一步关系，男人的焦灼感大抵便可以得到消除。

从这个意义上说，“明日二鸟不如今日一鸟”。

“等到明天，你便能得到两只鸟”，与其笃信这样的允诺而苦苦等待，不如确确实实地今天就得到一只鸟，选择后者是绝对不错的。

这样说似乎过于现实过于功利，但是恋爱可以说，就是一种弯弓射雕的射术，不讲究收获简直无法想象。

实际上，与其追求那种看上去好像可能得手，但是却迟迟不肯以身相许的女人，倒不如追求眼前更加容易容许自己的女人，这样做才是上策。

或许不容易得手的“明日的女人”更加出众、更加完美，是你心仪的类型，但是“今日的女人”可取之处是更加容易将自己交给你。她肯将男人渴望的性的欢愉带给你，正是求之不得。显而易见，这种女人更加金相玉质，是上上之选。

因此，男人的爱从某种意义上说，具有可替代性。

“这么说来，他其实没真正爱我呀。”——即使女人这样发牢骚，也不必介意。

重要的是，男人对女人有着性方面的要求，而让男人得以如愿的女人成为其恋人的最佳人选，也是极其自然的结果。从这个角度来看，那些只让男人焦灼不安、却总也不肯许身的女人岂止沦为其次，甚至更掉落到第三第四的位置。

还是那句话：明日二鸟不如今日的一鸟。

或许有人会声色俱厉地道：“如果这样做，你永远也不可能追求到排第一位的心仪对象。”诸如此类的话，完全不必往心里去。

即使是排第二位的对象，当两人肌肤相亲、建立起稳定的关系之后，你会体会到对方的温柔，并慢慢不断发掘出更多的优点，使你对她的感情与日俱增，这种事例绝非少数。

即便不如想象的那么优秀，但是有个女人愿意忠实地陪伴你，也会使你精神和肉体上都得以宁定，在男女关系中也会越来越自信。

梦想终归只是梦想，首先要认真地弄清楚自己目前迫切需要的究竟是什么。

不要沦为骚扰者

不要只拘囿于一只兔子，而要同时追逐两只兔子、三只兔子。

这种猎获手段，在实打实的追求女性过程中，显现出种种优越性。

首先是，追求复数的女性，左支右绌、眼花缭乱，这样对于某一个女性的专注度势必降低。

或许有人会觉得这样岂不是负面影响更多？其实非但不会带来负面的影响，而且专注度降低自有降低的好处。

一般来说，越是针对某个女性一本正经展开强烈的攻势，这个女性越是会逃之夭夭。

“认认真真追求女性有什么不好？”有人会这样想。问题在于这种较真追求的架势，对女性而言无疑会令其害怕。

“可是，专注地追求一个女性，对方的心也会被束缚住，最终对自己敞开感情的门扉。”有人会这样说。但是这只限于女性对男性本来就不存在什么厌嫌，可能还怀有些许好感的场合。对于全无好感、甚或带有些厌嫌的男性，无论怎样展开强烈的攻势，女性非但不会对你敞开心扉，而且追得越紧越觉得毛骨悚然，你在她的眼里只能是一个可怖可憎的骚扰者。

一个男人被视作骚扰者，就百分之百难以成就爱情。如果紧盯着一个女性穷追猛攻的话，往往就会成为这样的骚扰者。其结果是变成恋爱的失败者，从而彻底丧失信心，不少男人还因此患上恋爱恐惧症或变得性格怪僻、人格异常。

不希望落得如此结局，男人就应当同时追求多名女性，越是自信缺欠，越应该主动接触和接近更多的女性。同时追求多名女性，即使失去一个，仍有可能继续追求其他的。

由于可立即调整目标、改弦易辙，被拒绝、被甩脱的创伤就比较浅轻，一旦失去自信也更加容易恢复。

换句话说，分散追求的结果是，失恋所付出的痛苦比较小。

可是，这样做如果被其他女性识破怎么办？或许有人会感到不安。然而这种事情，只要稍许开动一下脑筋便可以做到天衣无缝，倘若这样程度的隐蔽工作尚且做不好，那就遑论成为恋爱达人了。

心弦不必紧绷

恋爱当中，女人最讨厌的，是那种心事重重、嗫嗫嚅嚅的人，话语极少，让人摸不透到底心里在想什么，或者性格黏黏糊糊的人，令人联想到某种爬虫类。女人无论如何不会钟情这种类型的男人。

具有这种倾向的男人自然也是性格使然，不可能轻易有所改变。而同时追求多数的女性，也是医治这种性格不足的良方。

自然而然的，同时追求三只兔子、四只兔子，就不可能黏在一个女人身上，三心二意，对某个人的专注程度会有所减轻。

或许有人认为这样做不利于全力以赴对某个女性展开攻势、表达爱慕之情，但是这种轻松相处的氛围却是女人所欣赏的。

轻松开朗、谦和清平、慢慢腾腾、漫不经心、时或稍许流露出一点任性撒娇——这种类型是女人所喜欢的男人的公约数。显而易见，这种类型深受女人垂青，而在同时追求多数女性的过程中，很自然地，你的性格就会渐渐趋近于这种类型。

当你同时追求三四个女性的时候，不留神弄错了约会的日期和时间或者撞车，这种事情恐怕少不了会发生。

此时，你只好手忙脚乱地加以解释。

假如两个女人对此有所觉察，也未见得一定是坏事。

理所当然的，女人一定会发怒："什么呀，原来你跟别人也有关系！"但同时，也有可能会对你另眼相待："看不出来，这个人原来蛮吃香的嘛。"

坦率地说，同时追求多数女性确实是件很吃力的差事，会让你身心疲劳。但是切记，成就恋爱所必不可少的秘诀就是勤快、勤勉。有时即使见不上一面，也不要忘记发送一则短信，例如："近来好吗？""在忙什么？"这种看似轻松随意但是透露出细心关怀的举动，会令女人产生一分安心感，感情的门扉自然会向你敞开。

不过就如前面所述，女人是不会轻易将自己的身体和真心许给你的，要想突破最后一道防线，还面临着许许多多难关。

但是从另一方面看，同时追求数个女性的话，心弦就不必绷得那么紧，精力有所分散，性格也会变得不那么沉闷。有时想一想，“我追着五个女生哩”，即使一时爱情成就不了心理上也容易自我接受。

成为她的“那个人”

在此提醒一件重要的事情：即在同时追求多名女性时，最低限度，你必须成为她的“那个人”。

女人的首选恋人当然是“这个人”，但若一时成为不了首选，也要力争成为其次选恋人，再不行就第三、第四，总之，至少必须在她心目中占有一席之地，成为她“反正我还有那个人追呢”的“那个人”。

“这样岂不是追不到她了吗？”或许有人会这样绝望地想。可是千万不可如此轻易泄气和放弃。

关键在于耐心等待。

因为男人在女人心目中的位置是在不断变化的，上个月还位居第一的他，也许眼下突然就跌落到第二、第三的位置，而原来只不过随便丢在某个角落的你，可能一下子就升格为第二甚至第一。

总之一切都有可能发生。

再自命不凡的女人，心情转换二三的事情也是经常会发生的，况且她与“这个人”的恋爱过程不见得从头至尾一帆风顺。所以要耐心地等待女人心机一转的机会。

或许有人缺少耐心，等不下去，但因为你同时追求着三四个女性，等待也是理所应当的，何况你在她心里原本就只不过偏居一隅，也就不必发那么多牢骚了。

综合起来，凡是自认拙于恋爱的男人，应当尽可能同时追求多名女性，尽可能接触各式各样的女性，与之交流，以逐渐适应女性。

切记，成为恋爱达人的第一步，首先便是了解更多的女性，克服怯意，勇敢而温柔地与之相处。

·第三课·

坐而思不如起而行

尽力接近女性，让对方能够感受到你，这是在女性面前增强自己猎获能力的第一步，同时也是在恋爱中不至于陷入“失用性萎缩”的最佳药方。

很多人会在心里筹谋各种事情，但即使想到去做，事实上却很少付诸行动。

头脑中盘算得几近完美，但是临门一脚往往怎么也踹不出去。

恋爱中同样如此。想接近那个女生，想对那个女生说爱，心里这样盘算着，甚至计划好了具体的方式，最终还是只停留在设想而已。

这应当称之为不值还是可惜？不管怎样，是非常遗憾的事情。

碰到这种情况，多数人还会给自己寻找各种各样的理由，好使自己心安理得：当时想说来着，想跨出这一步来着，只是时机不佳，或者准备还不够充分。

但是要知道，男人——或者说得更加直白些，精子——是不可以这样踌躇不前的。

当你犹豫不决的时候，心仪的女生或许就成为其他男人的掌中物了。

你千万不要对自己说：这也没办法，即使我尝试去做了也一定会失败的。这样轻易放弃是不行的，因为当你慢慢养成这种“不为”的恶习后，你就会变成真的“不能为”了。

大凡人，都有这种不为的习性，一旦安之若素、坦然处之，人就会变得什么也不会做，而只是个理由千百条却一无所能的“强辩人”。

只想不做的人

请熟记这个重要词语：“失用性萎缩”。

这是个医学术语。

假设一个人骨折、被打上了石膏，于是这个部位久不动弹，静养一个月、一个半月之后，整个部位会令人难以想象地出现萎缩性的变细。

这是因为肌体长时期缺乏活动和锻炼，筋肉衰退，血流不畅，以致整个肌体的机能衰弱低下了。换句话说，若不经常使用的话，肌体组织就会萎缩。这就叫作“失用性萎缩”。

从以上例子中可以得知，人的各部分肌体，比如腿，是为了支撑站立和走路而存在的，日复一日地使用这个功能，那么它就是处在一种正常的状态。而骨折时，这部分功能无法使用了，于是它就转为异常状态，长时间处于异常状态的话，毫无疑问，这部分肌体的机能就会衰退，肌体本身就会萎缩变细。

重要的是，这种现象不仅仅发生于人的手、腿等四肢，而是全身。

像手、腿等外部肉眼可见的部位自不必言，胃、肠等内脏器官，以及心脏、血管、大脑，等等，所有部位都存在“失用性萎缩”，只不过它们的变化不像石膏绑住的四肢那样可以由外部观察到。

只要不使用，所有的器官及其机能都会产生衰退。换言之，所有的器官只有不断使用，才会越来越强，越来越健康。

当然使用过度也是不可取的。若以为越用越健康，便不顾一切地大块吃肉、大碗喝酒，给肠胃加诸难以承受的负担，长此以往，会导致肝脏破裂等不测的事情。

除了像这样对身体施以“酷刑”的极端例子以外，一般适量地摄取食物，或适量地饮些酒精类，脏器是不会出现异常的。而且，把握好一个度，还有助于促进身体内各器官的健康。

温柔的谋杀

穿插一段题外闲话。

这是别有用心利用“失用性萎缩”达到自己险恶目的的反面事例。

假设某老人患了感冒——比方是某个女性的丈夫的母亲，也就是婆婆——不得不休息在床。

此时媳妇或许会不高兴地嘀咕：“只不过是小小的感冒，至于小题大做躺倒在床吗？我感冒的时候，可从来没有休息过一次呢！”

当然，她不会不分青红皂白地横加斥责。

如果真的对婆婆充满仇恨的话，这种时候她应该像个温柔的天使般全心全意服侍婆婆，也不失为一个泄恨的办法。

躺在床上的婆婆想起身拿什么东西，她连忙说："不要动，婆婆，我来帮你。"然后拿了递过去；婆婆想擤鼻涕，她赶快拿起餐巾纸递上去……总之，一切都不需婆婆动手就是了。

还有吃饭，自然也是三餐陪在身边，一勺一勺地喂婆婆吃下去。

于是，本来爱找麻烦刁难媳妇的婆婆也心存感激，"谢谢"二字挂在嘴边说个不停。

然而这一切都是陷阱。

正当婆婆在暗自欢喜地想"真是个好媳妇，待我太孝顺了"的时候，身体却在实实在在地不断变弱、衰退下去。

最主要的理由就是，躺在床上一动不动导致的。也就是说，婆婆的身体在一点点发生着"失用性萎缩"。

人上了岁数、进入高龄期，其身上的"失用性萎缩"表现得更加急速、更加凶猛。不要说一个月，就是一个星期躺在床上一动不动的话，手脚、内脏以及大脑就会一下子退化萎缩许多。尤其是在患感冒期间，常常会腰腿无力，站立不稳，于是只好卧床休息。

一旦如此，余下的事情只需耐心等待便是。越是温柔体贴地照顾备至，身体机能就退化萎缩得越厉害。

用不了几个月，老人家基本上就会因并发肺炎死去。

究其原委，身体是因为被关心照顾得过于细致体贴了，以致机能退化萎缩，终于一命呜呼。像这样的事例真的称得上是“温柔的谋杀”。

避免“不为”成性

由此可以看出，“失用性萎缩”有时还会取人性命。

即使没有严重到这般地步，但它确确实实会令人越来越羸弱，而且扼杀掉人的奋发向上精神。

糟糕的是，人是一种一旦懒怠下来、什么也不需做的话，渐渐就会习惯于这种状态，并且无休无止地乐于沉湎其中的惰性动物。

不仅工作上如此，个人的兴趣也是如此，连玩乐也概莫能外。

假设某人为了健康，每天早上步行五公里。

但是由于某个偶然的原因，突然中断了一两天。这时就会想：多停歇一天无所谓吧，于是休息了三天，接下去四天、五天又偷个懒……等到有一天意识到的时候，已经早已不再锻炼了。

这种事例不在少数。

同样，读书或者是学艺也会因为偶一偷懒，结果从此懈怠荒废。这种习性一经养成，最终势必变得什么也不为了。

三天打鱼两天晒网的事情在玩乐方面也时有发生。因为事情忙，于是原本每周参加的麻将或软式棒球活动间断了，与此同时，“不为”的恶习渐渐染上身，慢慢地，做与不做都无所谓了。

跨出去这一步

通过以上事例，相信对于“失用性萎缩”的实态已经有所了解，接下来就要说一说本讲的重点了。

这种“不为”的恶习，在恋爱中也同样存在。

男人——不，女人其实也一样——进入思春期后，随着二十、三十年龄一点点地往上增加，会越来越渴望拥有恋人、拥有爱情。但是在恋爱过程中，由于某个不可挽回的失败受到轻慢，被对方甩了、失恋了，于是丧失自信，至少对异性产生了畏惧感，不再敢接近。这样的人绝不在少数。

任谁在一开始总有不顺利的时候，但是切不可因此就放弃。假如只想被温柔地对待，一点不能够遭受挫折，那么与被温柔地谋杀的老婆婆有什么两样？

重要的是，不能让自己随性变得越来越娇嫩、弱不禁风。

恋爱与学艺和玩乐一样，自己不主动参与、不付诸行动，是不可能取得成就的，甚至可以说，恋爱比学艺和玩乐更需要主动参与和付诸行动。

归根结底，要想成就一段美满的爱情，就必须时刻怀着恋爱的美好心情，一旦捕捉到好时机，就要主动出击，采取行动。就像手脚四肢一样，必须时常使用和锻炼，懒怠和撇弃就会陷入“失用性萎缩”，即使机会出现也只会离你越来越远。

不过爱情的艰难竭蹶之处在于，它还有对方的存在。运动项目、技艺或是兴趣爱好等，独自一人默默地沉浸其中，也会获取相应的成果，而恋爱则必须有异性的共同参与。

因此，成功的第一要诀便是，只要发现有好感、想与之发展亲密关系的对象，就要主动上前接近她，和她搭讪。

或许有人会觉得为难。其实女人遇到男人像个绅士般地上来搭话，绝对不会有任何不快之感的。只要对方做出反应，就继续下去，进一步扩大话题。

或许有人担心，这样做会不会令对方厌嫌？这是懦夫的表现，男子汉大丈夫岂能为这点事情而生怯？

倘若仍然缺少自信的话，请回忆一下前面提到过的“男人注定是被甩的”，既然被拒绝被甩是理所当然的事情，完全不必介意结果，只管大胆向前。

如果被拒绝，则瞄准下一个目标，照做不疑。原本是从没有恋人的起点出发，大不了仍旧没有恋人，也谈不上什么损失。

其实非但没有损失，即使不顺利，至少适当地表达了自己的心意，表达了自己的好感，这不能不算是个极大的收获。

即使结局还是不成功，但是你努力了，处于“失用性性萎缩”临界点的大脑就会朝着恋爱体质大变身。

重要的是跨出这第一步。

激发起自己的行动意志，这对于身体和心灵都有刺激功效，具有积极的作用。

审视自己

运动也好个人的兴趣爱好也好，一步跨出去了，接下去就会有第二步、第三步；而一步停顿了，结果就和什么也不做毫无二致。

当然这里有一点值得注意，即追逐理想过犹不及。

男人都有憧憬的对象，希望与自己理想中的女人共涉爱河，共度人生。但是许多男人对理想中的对象执着到了不切实际的地步，非彼不爱，非彼不娶，对不符合自己理想的女人不闻不问不看不接触。说得好听点，是过于拘板，不懂得灵活变通的道理，其实这种人大多性格晦涩、内向，即使外表绝对不差，但看上去也是一副悒悒不欢，沉闷无趣的样子。

如此的话，自然追求不到理想的女性。自己怎么都行，都无所谓，而对对方却要求尽善尽美，要想建立起恋爱关系着实有难度。

个中道理与学艺或运动有殊途同归之处，好比几乎不努力不练习，只不过到高尔夫俱乐部去晃几回，随意挥打几杆，便指望成绩会突飞猛进的毛躁新手一样；或者与只打满一两场十八洞，就因成绩糟糕而打退堂鼓的缺乏体育精神的球手没什么两样。

这些都不可取。首先必须冷静地审视自己，从外表容貌到性格以及自己的行动能力，再去接近对方。

自然，当你很好地审视过自己之后就会明白，不应一味地追求只存在于自己理想中的那个她了。

然后，再进入下一阶段。

“原来我只是个不怎么出众的普通男人，既不是特别吸引人的美男子，也不是巨富财子，更没有什么出众的能力”，明白了这一点，即使对方算不上天仙般的美女，或者与自己的理想稍有出入，也应该努力接近她。

当然，这样做并不代表一定能够与之顺利确立恋爱关系，但是竞争率较低，也就意味着建立良好关系的概率非常大。

总之，最重要的是要尽力建立起恋爱的关系。即使暂时做不到，也要尽量去多接近、多交流，一起用餐，一同活动。

尽力接近女性，让对方能够感受到你，这是在女性面前增强自己猎获能力的第一步，同时也是在恋爱中不致陷入“失用性萎缩”的最佳药方。

少找理由多行动

要谨记：恋爱不是逻辑学，不是靠论据理由便能够解决问题的。恋爱中最重要的因素是感觉，感觉决定恋爱的成败。

换句话说，恋爱不是数字信号，它是一种模拟信号。

正因为如此，与其这个那个地熟考穷究，不如起而行动，并且要习惯于这样做，这一点是非常重要的。要少找理由多行动。

所以，不论结果成功与否，应尽力接触女性，接近女性，与之交流，倾听对方说话。即使对方不是你心目中的理想类型，即使最终仍无法建立恋爱关系，但是，与女性接触和交流的真切感受仍会在你心里留下深刻印记。

接近胜过不接近。主动上前搭话胜过不搭话。最重要的是，光空想恋爱莫如真正去实践恋爱。

说到实践恋爱，究竟有没有更加利于成功的方法呢？

这恋爱的实践篇就留到下一讲吧。

·第四课·

巧 言 令 色 倾 诉 爱

即使不是相亲相爱的人，但女人对于赞美自己、评价自己的男人不会轻易忘却，并且经常会在心里念想：“真是个有趣、令人感觉愉快的人。”

前面几讲讲述了男人如何接触女性，拉近与其关系所必须具备的基本思维方法。简单来说，这只不过是恋爱学的概论部分。从本讲开始，将讲述如何与自己心仪的女性建立起私密关系，也就是相当于恋爱学的实践篇。

男人也好女人也好，无不存在着个体差别，各自的性格以及相识的过程也各不相同，后述的种种方法，并不能保证各位一定成功。简而言之，恋爱是无捷径的。

当然，作为最大公约数、如此则成功概率大大提高，这样的方法也不是完全不存在。

或许有人会觉得了解这种方法也无济于事。但事实上，这种看似无济于事的方法对许多人确实有所帮助哩。

搭腔套磁的勇气

男人邂逅女性的时候，假使觉得“这个女人不错哇”，即使并非完全属于自己理想中的类型，但只要第一感觉不怎么糟糕的话，接下来首先要做的事情便是没话找话上前搭腔，与对方套近乎。

当然，这须得在一个不会显得非常不自然的前提下。

有许许多多这样的机会，例如参加社交派对或是其他聚会，又或者是单位内部因工作关系而结识等，总之有各种各样的机会。不管什么样的机会，制造双方认识的契机是男人的责任，如果连一声“你早”“你好”都说不出口，就不可能建立起后面的关系。

“呀，要我这样很随意地跟女人说话可真有点难哩。”可是要知道，要女性随意跟男人说话就更加没道理了。

只要你不具有先天优势，而只是一个普普通通的男人的话，你就应当拿出勇气来，主动与女性套磁。

由于是初次搭话，所以说什么都无妨，例如“天真热啊”“天气转凉了呀”“今天天气真不错”之类，全都无所谓。

听到这样轻松随意的话语，大多数女性都会有所反应:“哎……”“是呀”，等等。当然，什么反应也没有，甚至露出讶异的表情，觉得“这个人好奇怪”，这样的女性或许也为数不少。对此，你要么莞尔一笑了之，要么用装假作痴的表情再问一句：“咦，怎么没反应啊？”

如此一来，对方有可能做出相应的反应。如果继续不理不睬，那么干脆断了任何念头拜拜，因为对此毫无反应的女性，即使你同她交往下去也肯定是一个无趣无味的人。

综上所述，几乎所有的女性会对你做出相应的反应，接下来便要使出浑身解数，好好耍耍嘴皮子了。

很多人在这种时候会突然变得紧张，表情僵硬，说话不自然。应当尽力放松自己，尽量表现得活泼轻松。

事实上，女性看到向自己搭腔套磁的男人活泼开朗，她的心里也会油然生出一丝愉悦。

率直的赞美

只要勇敢地上前搭腔，对方一定会有所反应。到了这一步，首先第一道关口算是顺利通过，接下来朝着两个人的对话继续进军。假使想悠然笃定地说说话，可以考虑邀请对方一同去喝茶或者用餐。

第二阶段须牢牢记取的是，要适时和适度地赞美对方。

如果觉得对方容貌美丽，就不妨坦率地告诉对方“很美”；如果觉得对方穿戴很时髦，就照直说她“很酷”；如果觉得她的举止可爱，就要直截了当地说出“可爱”。

或许有人会摇头：“呀，这样的话我可说不出口，再说对方也根本算不上美女。”

倘若这样，那么不一定非要局限于容貌或身材，她身上任何惹你注意吸引你的地方，都可以是赞美的对象。

例如，容貌虽普通，可是发型很漂亮，这时就称赞她的发型；身材就不必多说了，即使身材一般，但穿着蛮可爱的，就赞赏她的衣服。其实赞美容貌本来就是件不容易的事，尤其是“美丽”这个词，实在缺乏个性，就像安倍高喊“美丽的国度”一样，似乎任何事物都可以用它来点缀，结果变得毫无意义。

此外，发型、时尚的装束、胸前的佩饰、手上提的小包、脚上穿的鞋子……总之，值得赞美的东西不胜枚举。

事实上，较之略显突兀地赞美对方的容貌和身材，“这件衣服真漂亮”“这件佩饰蛮能衬出你的”之类，间接地称赞其服饰，或许会显得更具有审美眼光和了解时尚潮流。

不管怎样，对女性不可不做的事情便是赞美她们。

或许有人会情不自禁地生怯：“这样做岂不是矫揉造

作、言不由衷吗？会不会太过分？”

不要紧。因为女性是最喜欢听赞语的，一听到别人称赞，荷尔蒙分泌便会增加，全身上下愈显光润、娇艳。不仅如此，来自男性的赞美还会令女性自信心大增，感觉自己仿佛上了一个等级。

换句话说，女人和男人一样，大凡气宇轩昂而充满自信的，多是因为赞美造就的。

具有这么多好处，那我们对赞美女性还有什么可踌躇的呢？对方会因为你的赞美而心花怒放，因此，不要再犹豫，拿出你的自信，去尽情地赞美女性吧。

巧言没什么不可以

日本人是极不擅长表达这类令别人身心愉悦的美言的，故而很少直接赞美别人。尤其是男人，向来少言寡语，即使是令其心动不已的女性，也几乎不会开口赞美。

这是因为，在日本的精神道德观里，来自古代中国的说教留下烙印太深的缘故。

例如，《论语》中就有这样一句名言：“巧言令色，鲜矣仁。”意思是说，“用花言巧语和媚态伪情取悦、迷惑他人的人，一定鲜有仁德之心。”

这是《论语》对后人的教诲。不过孔子是专门针对那些谄谀逢迎以获取不义之财的奸佞之徒而说的。

这里我们讨论的是男女间的欲情，要说“巧言令色，鲜矣仁”，则实在是过甚其词，将问题复杂化了。

不过，或许男人心底的真正目的就是迷惑、取悦女人，从而使其成为自己的掌中之物，满足自己的欲情。

即便如此，就恋爱来说，这也没什么不可以。

因为爱情就是从巧言令色开始的。

用如花似桃的甜言蜜语、以迎合取悦的态度来诱说女人，这正是出于爱才会如此；假使粗言暴语、厉声厉色去对待女人，试想有哪个女人会心动，会愿随乐从？

恕我对孔老夫子失敬了，巧言令色在恋爱中是可以接受的。

事实上，西洋人尤其是具有拉丁血统的西洋人，个个伶牙俐齿，特别擅长巧言令色。在餐厅里和派对上自不待言，就是在街道边，看到素不相识的过路女性，他们也会热情地搭上几句话，赞美不绝于口。当地的女性，甚至身为旅游者的外国女性，无不交口称道拉丁国家真正是女性的乐园。

由此可见，女性无不喜欢听到赞美的话。

既然如此，东方男人也不要输给西方男人，从此尽力赞美女性吧。

男人应当丢掉陈旧的《论语》，还有讨债鬼似的板着面孔的“武士道精神”，请态度随和而率直地赞美女人。

言不必由衷

至此，是否就真的能够赢得女人的芳心？或许有人仍会对此感到不安。

坦率地说，单靠赞美能否抱得美人归，实在是不得而知。

不过有一点却是可以肯定的，就是这样做，成功的概率无疑会增大许多倍。较之沉默寡语、绷着面孔、态度冷漠，这样做的益处是非常明显的。

即使不能如愿以偿，至少能够在对方心里留下极大的好感。

即使不是相亲相爱的人，但女人对于赞美自己、评价自己的男人不会轻易忘却，并且经常会在心里念想：“真是个有趣、令人感觉愉快的人。”

其实男人又何尝不是如此？即使不是亲密爱人，但是对于曾经赞美过自己、能够理解自己的女人，也会一直留在记忆中的吧。

当自己心仪的对象出现时，女人无论如何也不会积极主动地向对方表白说“我喜欢你”，倘若这样说，无疑会被认为脑筋有点不正常。女人为此辗转反侧、烦恼不已的时候，她就会对对方的外表以及正在投入其中的事情大加赞赏，目的在于间接表达自己的感情，引起对方关注。

男人容易陶醉在赞美中，对赞美缺少抵抗力，这点只要观察一下你的上司，就会一目了然。

心里喜欢，就要通过嘴和语言表达出来，这是倾诉爱的原点。越过这一关，才能开始一段新的恋爱。

综上所述，应该对于赞美对方的重要性有一个正确的认识。但或许仍然有人难以启齿说出这样的“肉麻话”来。即使想好了要说，可一旦面对女人，又情不自禁地紧张起来，怕自己不知会说出什么样的话来。

如果你是这样的人，有一个秘诀能让你轻而易举地将赞美的话说出口。

简单说，这个秘诀就是“言不必由衷”。

千万不要做出“什么呀”之类的反应，这可是非常重要的要诀。

当你与女人面对面、打算赞美她的时候，不必左思右想，字斟句酌，考虑太多，那样是行不通的。

例如，当你说："你的发型很漂亮啊！""这件外套跟你很配嘛！"你不必在意她的发型是不是真的很漂亮、很时尚，或者她的外套是不是真的般配，只要轻松地说出来就行。

同样，女人对男人说"这件上衣很酷""你选的这家餐厅味道真不错"的时候，也是带些随意的意味，只要打眼一看稍稍有这么点感觉就行了。

其实，完全没必要深究这些，关键是先将这样的话说出来。说与不说，比说出来的话有几分真几分假来得更加重要。

这样一来，赞美之语说起来一定会轻松些了吧。

当然，对方或许会歪着头反问一句："真的吗？"但这并非表示她或他在反诘你，其实她或他心里早已毫无保留地接受，并且被"漂亮""酷""不错"等字句打动，心情大好。

像这样"言不由衷"、轻松随意的赞美之语，至今仍未在东方人中深入人心。相反，很多人还是认为"沉甸甸"

有分量、有内容的话才有意义。然而须知，轻松随意的赞美是男女之间的润滑油，并且可以说，它在一般的人际关系中也具有令人心情愉悦、促进和睦的功效。

因此，“言不必由衷”，关键在于说出来。

这是成为恋爱达人的第一步。

·第五课·

勿焦勿躁坦诚相对

女生与男生第一次单独相对，往往对对方怀有极深的警戒心，甚至到了男人无法想象的地步。因此，首先必须突破其警戒网，此时微笑、幽默、俏皮话等是最为迅捷、简单易行和切实有效的方法。与此相反，目中无人、自夸自大的自我宣传则万万做不得。

经过前述几个步骤，我们假定已经成功地接近女生，并且开始进入与其正式约会阶段。

如果将前面的过程称之为第一阶段，那么从这一讲起，就是恋爱的第二阶段。

明明白白说出来

首先与女生约会的场所，尽管似乎司空见惯，可以考虑涩谷车站的“八公铜像”前，或是某个街角等比较好找的地方以及酒店的大堂等。当两人如约在上述约会地点碰面，便需考虑接下来去什么地方了。

不少男生会犹豫不决，或者征询女生的意见。对此我不敢苟同。

高明的做法是，直截了当地对她说：“这附近有家餐厅我蛮中意的，去那里吧？”如果是大白天，也可以试着邀她：“到那里去喝杯茶吧？”

这种场合，有人以为尊重女性的意见为好，故而频频探询对方愿意去的地方。但是这样做，其实也暴露出男生缺乏自主性的毛病，不是聪明潇洒的做法。

作为男生，理应在前一晚先确认好哪里的餐厅味道上乘、氛围又佳，并且自己的钱包也负担得起，到时候明确地说出自己的想法。

一开始就说出自己的意见和感受，这是男人的象征，对方也会觉得“对于和我的第一次约会，他好像挺认真的”，从而接受你的建议。

倘若对方显得犹豫踟蹰、沉吟思考，此时再征询她的意见也不迟。

如果决定去别的地方，那么最好两人商量一下。若是她有特别想去的地方，先摸清那里的情况，自己能够承受的话去也无妨。

不过这种情况下，应当避免勉强硬撑。

我二十多岁的时候，曾经碰到过这样的事情，约会的女孩说：想坐在吧台座上吃新鲜的手捏寿司。

我当时的第一反应是："那会很贵吧……"可是看女孩特别想吃，我于是点头应允："行，那就去吧！"随即来到附近一家寿司店，坐在吧台座上。

之前曾经去过那里一次，吃了一份普通的寿司，在当时来讲，价格是相当昂贵。若是坐下来放开肚量吃，到底得花费多少我一点也没有数，心里实在有些不安。但因为女孩说想吃，于是鼓起勇气，一同坐上了原木吧台座。

想不到，女孩一个劲地点着"金枪鱼段""鱼子""海胆"等价格最贵的，心里暗自埋怨，真想对她说道："嗨嗨，你也替我的钱包着想一下好吗？"可是事已至此，后悔也来不及了。

于是我只好自己省着点，专挑价格便宜的点。即使这样，心里还是没着落，中途借口上洗手间，翻开钱包仔细数了数现金。

老实说，当时感觉手头的现金已经紧绷绷了。因此，后来我便谎称"没胃口"，再也不敢吃了。

可是女孩仍没有停下来，还在接二连三地点。尤其让人恼火的是，刚叫上来的寿司她只咬了一小口便住手了："吃不下……"

我真想有只手从喉咙里伸出来，恨不得拿过来说：“那我就帮你吃掉吧！”可是刚才说过没胃口，怎么也抹不开脸皮，只好忍痛丢弃掉。最后一问价格，几乎令我掏空了钱包。

总算付了账走出店门，但是这之后却哪儿也去不成了，只得灰溜溜地打道回府。

之所以落得这样的结局，正是因为勉强硬撑的缘故。

男人在刚开始约会的时候，容易犯类似的错误。但是，应当考虑一下自己的钱包负担得起还是负担不起，不行的话还是明确地告诉对方。倘若是明事理又善于体贴别人的女生，应该会给予理解，提议“那就去别的地方”，甚至提出“我们各自付各自的吧”。

总之，较之要面子死扛硬撑，还是老老实实、明明白白地说出来为好。这样做，既不失男子汉气概，对女性也显得比较亲切。

自然地，对于那位令我胆战心惊、完全没了食欲的女孩，以后我再也不敢邀约她出来，就此分了手。

即使容貌再漂亮身材再火辣，但毫无疑问，像这种只顾自己的任性女孩，与之交往下去关系也不可能维持长久。

挑自己的不足之处说起

与上面的失败例子相反，假设运气不错，约会顺利，两人一边用着餐一边胡天海地闲聊。

此时最为关键的，是举止一定要轻松乐朗。

特别须留意，沉闷不语、郁郁寡欢是万万不可的。一句话不说，闷坐在那里，女生非但感受不到丝毫快乐，相反，只想尽快地逃离。

初次约会，主要目的在于了解对方、同时也让对方了解自己。因此，首先必须表现得开朗、活泼、轻松。

第一步不可不做的，是必须将自己的大致情况清清楚楚地告诉对方。

由于两人属初次约会，不同于关系稍熟、略有了解，因此要尽力积极展示自己。因为女生心里多少存有几分不安：对方究竟是什么样的人？此时，男生主动把自己的情况向她做一介绍，她会感到比较安心。

这种场合，务必实事求是地介绍自己。如果可能，还可加入些轻松的幽默、俏皮话，这样更能博得对方的好感。

近年，日本的滑稽艺人大多成功迎娶美丽贤淑的女性为妻，这与他们在对话中经常插入些笑谈，从而舒缓对方的警戒心，迅速建立起一种亲切和易于信任的氛围不无关系。

女生与男生第一次单独相对，往往对对方怀有极深的警戒心，甚至到了男人无法想象的地步。因此，首先必须突破其警戒网，此时微笑、幽默、俏皮话等是最为迅捷、简单易行和切实有效的方法。

例如，大学时代留级一年、作为一名企业新人最近在工作中闹出的笑话，等等，都可以当作话题，将其充满风趣地说出来。

与此相反，目中无人、自夸自大的自我宣传则万万做不得。

例如，第一次见面即递上自己的名片，自报家门。由此，这个人做什么工作对方大致已经了解了。但是这还觉得不够，接下去便开始自吹自擂起来，比如自己出自哪所名牌大学、现在就职的企业如何有名、将来打算努力拼搏坐到哪一个位置上……这就令人反感生厌了。

不喜欢听别人自夸自大，这种心理人皆有之，更何况在两个人单独约会的时候得意扬扬地说这种话，实在是等而下之。

现实生活中，最易犯这样错误的，或许是那些略有年纪、也就是被呼为“大叔”的男人们。中年男人与年轻女性约会时，往往喜欢不厌其烦地吹嘘自己是某某公司的总经理或高管，如今正在从事怎样的重要岗位的工作，部下有多少人，等等。

作为中年男人，其事业有成一般是不言自明的事情，根本无须再唠唠叨叨地自我介绍一番。假如说一说自己最近遭遇到的挫折，或者工作中是如何“捣糨糊”的，倒可能会令人感觉亲近许多，也更容易对其产生好感。

然而，大而化之地讲，人就是喜欢自我吹嘘、自我宣传的动物，尤其是终于能与喜欢的女性约会，内心抑制不住喜悦，一不留神，自己如何了不起、如何努力……就会不知不觉脱口而出。

这时候不妨换个角度考虑，反过来谈谈自己的不足之处。

听到男生这样说,女生会感觉安心,心情舒悦,觉得“这个人真会开玩笑，蛮可爱的”，和蔼易近，并且由此激起对你更加强烈的兴趣。

有人或许会说：我没有什么值得夸耀的。

不错。这样的人完全可以实事求是地告知对方：“我最值得骄傲的，就是身上没有一点突出的地方……”

不要担心这样说会招致对方看扁，她总会明白事情真相的。

因此，一开始就实事求是地从自身的不足之处说起，慢慢地，对方会感觉到："哎哟，这个人好像也不怎么差嘛。"这比从一开始就死要面子硬撑着，拼命夸大自我的做法要有效得多，更加容易赢得对方的好感。

勿焦勿躁留有余韵

初次约会，还有一件重要的事情务必留意，即切不可焦躁。

男人是性急的动物，好容易将女生邀出来约会，用餐之后就盘算着去卡拉 OK，再接再厉进入单独相处，运气好的话说不定一吻芳唇……脑子里尽想着这些事情。但如果欲情不加抑制，过于明目张胆，非但不易得手，反而失败的概率会大增。

如前所述，女人较之男人更加谨小慎微，戒备重重。

因此，切勿性急焦躁。

进餐时，努力经营氛围，渐入佳境。这之后邀请对方再去酒吧小坐，或是去卡拉 OK 放松一下似乎也不成问题。——即使这样，男生采取欲擒故纵的策略，有意放一放，送对方回家，这样做效果出乎预料地好。

自然，分别之际不要忘记说声“今天晚上过得很愉快，我期待着下次与你再会”，然后潇洒地道拜拜。

再努力一步，便可将对方带进自己屋子或是携入旅馆酒店，即使这样，也要适时停手。乍看起来，好像遗失了良机，但是却给对方留下了无穷的余韵。

站在女生的立场看，两人共同度过了一段愉快的时间，心里对对方渐生好感的时候，男生一声“拜拜……”撒手离去，不由得“啊呀”一声，情感上好像失去什么东西似的，反对这个男生更加滋生恋恋不舍之情。

相反，倘若以为再努力一把便可得手，故而欲情难抑，在情人旅馆附近溜溜达达，只会令女生一下子情绪跌落至最低。即使原本对男生已生好感，但男生性急慌忙表露出性的要求，她便会想：“原来只是冲我身体来的呀！”

说起来，几乎所有的男人无不对女人的身体有所要求而去接近，但正因为如此，这种露骨的欲求非加以克制不可。

“只冲身体”是女人最深恶痛绝的事情，因此，这种欲求在女人面前必须尽力掩饰。

有道是吃小亏占大便宜，这个比喻或许不十分恰当，但道理是相通的。古语也说：“有所舍才能有所得。”分别时在对方心里留下些余韵，会更加激起女生对男生的思慕，使其焦急地期盼着下一次约会，也属于此类技巧。

“欲速则不达”，这句格言在恋爱中也是通用的。

分别之际留下一句“我期待着与你再会”，就是要让对方心里留下一丝余韵。总之，一定要勿焦勿躁，放得下，潇洒，不可性急，切忌黏黏糊糊、死缠烂打。

娴熟掌握这类张弛缓急的技巧，约会的成功率自然会大大提高。

·第六课·

巧试妙探确认对方

通过种种试探和测定，不断确认和巩固对方对自己的感情深度，大功告成的那一瞬间便会越来越近。

约会终算成功，与她正式开始交往了。

不过，至此还不敢得意扬扬：“我有恋人了。”

“恋人”的定义似乎略显含糊，如果仅就字面上的含义来说，只要某个女性令你对她深怀思恋之情，称之为“恋人”也无不可。但在现实生活中，一般成年人所谓的“恋人”，大抵是指感情亲密无间、并且保持有肉体关系。

喜欢归喜欢，但是不存在肉体关系，这种场合只能说“有喜欢的人”而不说“有恋人”。

换句话说，目前还只是“仅止于喜欢，尚未达到恋人的程度”。如何将之进一步发展为恋人的关系，仍需要相当的耐心和技巧。

用餐过程中巧妙试探

与自己喜欢的女生单独相处，男生很自然地期望进入下一步——接吻，如果可能的话，更想拥有对方的身体。

然而，就像上一讲中提到的，此时最为关键的，也是情急误事。

事实上，因缺乏耐性而操之过急，最后不得不暗咽苦果的男人不计其数。

那么，在这个阶段不可不做的事情是什么？最重要的当然是确认她对自己的好感度，即对方对自己究竟有多喜欢、有多亲近，对此加以测定。

为此，第一步便是在用餐或是其他活动中，注意观察她的表情、态度和遣词用句，自然会有所明了。对方是表现得活泼、愉快，又或是沉默寡语、表情阴郁，显而易见，如果是前者说明有戏，不幸是后者的话，则前景可能很不乐观。

当然这只不过是表面的，还需进一步加以确认。作为测定方法之一，最为有效的莫过于在餐厅用餐时，试探着将自己碗中的食物夹到她的碗中。

例如，照单点菜，等端上来的时候，自己觉得美味可口且不常见的食物，便可以若无其事地将它夹到她面前，同时试探地问："这个非常好吃，你不尝尝？"

假如她表情温柔地回答："可以吗？"同时一副津津有味的表情品尝着，那你完全有理由认为她对你怀有相当的好感。

假如她态度犹豫，同时语气和缓地说："谢谢你的好意，可是我已经吃不下了……"这说明她对你的好感度一般，当然还不能断定就此没戏，还取决于你后面的表现。

假如她态度很坚决："不用了，你自己吃吧！"同时摇着头，或做出一副不屑一顾的样子，将脸扭向一边，那毫无疑问，与她继续发展下去的可能性基本为零。

因为女生天性纯洁无瑕，对于自己全无好感的男生夹过来的食物，绝不会张口品尝的。关键要看女生回绝时的态度，假如是一脸歉意，应该说后面还是有戏的。

此外还有一个可信度极高的测定方法，即她对手巾的态度。

无须过多解释，手巾是客人用来擦拭手的，因而总会给人以沾有这个人的体味，甚至有一种与之有生理上的接触的感觉。

当对方使用过的手巾靠近自己时，女生或是装作视而不见，或是面露不快之色，但一般不会去碰它，或者将它叠放在自己的手巾上。

然而，假如她将对方使用过的手巾轻轻攥在手里，或是叠放在自己的手巾上，一同递还给侍应生，这说明她对你大有好感。

酒吧内巧妙试探

两个人用完餐一起去酒吧喝上几杯。此时，试探的机会就更多。

例如，两人并排坐在吧台上，若无其事地手肘与手肘相触、脸与脸凑近。不仅如此，还可以在吧台下以膝盖去碰触对方的膝盖。

这些表面上不甚明显的举动，作为试探方法却是非常有效的。

这种场合，若女生急急忙忙将自己的手肘挪开，仿佛被什么龌龊的东西碰到一样，或者将脸孔别转过去，则此后两人进入到亲密无间的关系的可能性极其渺茫。

但是，被触到的一瞬间，对方有可能一边挪开一边面露歉意，或者一瞬挪开但立即又停住，好像改变了主意似的，则无意中流露出她对你的温情。接下去前景光明，再接再厉，邀她至更加私密的场所，基本上可以断定她也会应允。

不过在采取进一步的行动之前，最好再做一个测试。

这次是触碰她的头发。

这也在酒吧等处比肩而坐时最易采用的方法。尝试着去轻轻触碰她的头发吧，当然，不是前刘海，而是垂搭在肩头的长长的后发或侧发。

上身一边向她靠近一边假作偶然的样子，同时口中喃喃地赞赏道："你的头发真漂亮！""这气息闻上去好舒服！"假如再进一步若无其事地抚摩一下她的后背，说声："你身材真苗条啊！"或许会显得更加自然。

不言而喻，就像人们所说的："头发是女人的命根。"头发对于女人而言，是身体极其重要的一部分，因而当别人触及的时候，其各种各样的反应就下意识地显露出内心的真实感情。

假如触上去的一瞬间，立即表现出极其不悦的神情同时将头迅速移开，表明她不会容许你进一步的举动。同样是将头移开，但假如一边露出"啊……"的惊讶表情，一边慢吞吞地移开的话，则表明她心里没有明显的拒绝，你仍然有机会采取下一步举动。

当然男人最期待的是被触及的时候，毫无反感，甚至毫不介意地任凭男人抚摩，一旦如此就表明终点在即，可抓住机会射门了。

车内约会

与上述各种各样的试探方法有所不同，最直截了当而浅显易明的方法，则是约她去乘车兜风。

即使不必在外宿夜，但因为车内的空间受到局限，两个人共处其中，度过一段浪漫时光，表明她放松了对你的戒备心理，已做好进一步接受你的思想准备。

自然，在车内还可以进行各式各样的试探。

例如，一边对话一边将手轻触对方的手，或者停车歇息时，一边悠然地眺望着远处的景色，一边以手肘、手腕甚至肩膀互相碰触，都不会令人感到尴尬不自然。

倘若场所合适、时机恰当的话，一吻她的芳唇也不是不可能。

开车兜风是可以使两个人更加接近的最好机会。

当然也必须十分注意，操之过急或显得黏黏糊糊，都会招致对方的反感，最终酿成不可挽回的沮丧后果。

虽说是机会，但若是把握不住分寸仍会令机会逃逸。

换句话说，机会与危机只在反掌之间，稍有不慎，机会就会变成危机。

如何邀往旅馆

经过多次约会，即将进入最后的一关，即如何下决心确认两个人的爱。

这里最重要的是场所。

是邀至一般的城市酒店、旅馆？还是邀至情人旅馆？不管如何，只要她肯前往，都不是问题。

可是，明明两人在一起气氛不错，眼看已入佳境，当邀她去旅馆的时候，却突然遭到拒绝："不！"这种情形可以说并不少见。有人对此非常不解："为什么不？"甚至还有的男生忍不住对女生发火。

然而，女生回绝自有其回绝的理由，比如身体正处在经期或是即将来经，等等。

遇到这种情况，当然是毫无办法，只有另觅良机再次挑战了。

除去这类情形以外，邀请女生前往旅馆时切切记住：一定要做得极其自然，同时态度轻松、明快。

例如，邀往情人旅馆的场合，可以找个适当的借口：“喝得有点多了，去那里稍许休息一会儿吧！”“我想两个人静静地待一会儿。”或者是采用另一种手法，想象并渲染屋内卡拉OK的情景，鼓动她：“到那里去唱个痛快！”等。

不过邀往情人旅馆，总给人一种企求做爱的强烈印象，一般来说，还是普通的城市酒店更加合适。

但是这种时候，倘若露骨地说：“在这儿住宿一晚吧？”或者说，“我已经开好了房间。”多数女生会一下子提高警戒心，最后弄得不欢而散。

邀女生至旅馆房间，最易为女生接受的方法是，在酒店旅馆的酒吧喝酒时，先预约好客房，然后离开的时候若无其事而极为自然地诱说，这样既潇洒又容易成功。

当然，万一被女生拒绝，则预约好的客房的费用就泡汤了，所以从另一个角度讲，也是具有一定风险的赌博。

事实上，我年轻时也曾自以为万事俱备、只欠东风，事先预约好房间，结果遭到婉言拒绝，无奈只得自己一个人睡了一晚旅馆，总算不至于太可惜。

为了避免这种尴尬，除非已经有了绝对把握，否则不建议采取事先预约客房的方法。

这种时候，最好带女生去最高楼层的酒吧饮酒为佳。在那里两人一边饮酒一边欣赏美丽夜景，途中开好房间，等最后乘电梯离开时，借口“有样东西想送给你”“稍许去房间里待一会儿吧”，尝试着邀约一下看。

这种情况下，女生一般比较不易产生抵抗，或许会顺从地接受邀请。

与此相反，在地下层的酒吧喝酒，突然告诉她“在上面开好了房间”，就会显得极其不自然，恐难得手。

如何邀往自己的房间

与邀请女生至酒店或情人旅馆相比，邀请女生至自己的房间，相对来说要容易得多。

一同用餐之后，对微有醉意的女生发出邀请：“不想去我的房间看看吗？”这样既显得自然，又不会引起对方的厌恶。

当然这样做的一个前提是，必须在东京之类大都市里拥有自己的单人住房。很早以前生活在札幌的时候，我同父母合住一处，那时我便切身地感到，想与女生单独相处甚是不便。

拥有自己的住房自然具有莫大的好处，不过也并不是就此毫无问题。

例如，好不容易将女生邀至自己的房间，当你从冰箱里拿出饮料，一转身却发现，自己和她正隔着桌子相对而坐。

这样的位置关系，当然由于桌子的阻隔，两个人不容易靠得更近，而你又不能越过桌子坐过去。

这时候，你可以假装想起什么事情上趟厨房或者卫生间，等回来时往她身边一坐。霎时间，她可能会吃一惊，随即露出一副戒备重重的样子，你可以若无其事地坐在她身旁，继续像刚才一样说话聊天。

即使这样，可能还是有许多人会踌躇不定，没有勇气将她拥入自己怀里。

此时，有一件物什可以有效地帮助你打破尴尬，这便是屋子一隅放置的沙发。不论大小，只要有沙发，两人就会很自然地并肩坐在那里，接下去轻轻揽住她，将她拥近自己，就不会显得突兀不自然。

而假如没有沙发，而只有木地板或榻榻米的话，即使将她拥入自己怀里，但是下面很硬，会令气氛顿失。

因此，自己租借房子之后，不管是高档的还是便宜的，至少应当添置一套沙发，这是男生邀女生独处的必备用品。

当然，若沙发旁边就是床或许会更加便利，不过这样却过于露骨，反而会令女生增强戒备心。

综上所述，通过种种试探和测定，不断确认和巩固对方对自己的感情深度，大功告成的那一瞬间便会越来越近。

这一过程与其生搬硬套地学习，不如开动自己的脑筋去想去尝试。有一点是十分明显的：越经历恋爱，人的脑子会越聪明。

·第七课·

垂手而得的女人轻佻？

恋爱是不需要算计和多余的思虑的。需要的只是毫无保留地忠实于自己的感情。男人不会因为女人轻易应允而视其为轻佻，也不会因为女人寻找种种理由拒绝而视其为高洁。

男人往往因不了解女人的心理而踌躇而彷徨，不仅如此，有时甚至误解女人，以至让绝好的机会白白逃逸。

同样，女人也有许多地方并不了解男人，并由此产生误解。

这是由于两性的差异而造成的。换言之，因为是异性，所以就不可避免地会有误解，会有不理解的地方。正因为如此，男女双方才必须具有互相了解的意识。

初次约会不必勉强

以下是我实际经历过的事情。

我以前交往过的女生——姑且称之为 A 女生吧——是

个非常严谨、无懈可击的女孩，绝不会给人任何一点点可乘之机。

因 A 女生是我熟人的朋友，我和她之前就曾有过数次见面。随着交谈增多，两人互生好感，渐渐有了想单独约会的念头。

我试着约了一次，她应允了，很幸运我们开始了第一次约会。接下去两人一边用餐一边聊天，我已经大致清楚她对我也有好感。

“照这样下去，应该会蛮顺利吧。”我暗自遐想，禁不住心情激动。

这里所谓“应该会蛮顺利”，就是指如果自己提出肉体方面的要求，对方会容许的意思。我不是自以为了不起，但还是觉得应该没问题。

大凡男人与女人约会的时候，都会情不自禁地这样想，无论今古，概莫能外。

事实上，这也是一种十分宝贵的感觉。当女人觉得自己可以容许，或者期待对方提出这样的要求时，男人恰好提出，说明两人心有灵犀，接下去的进展就会顺利如愿。男人应当着力培养这种感觉，这非常重要。它并不是说一个人脑筋聪明好使，就一定会成功，而是像嗅觉一样的直觉越灵敏，成功的机会才更大。这也是恋爱过程中的有趣之处。

于是我信心大增，用餐结束之后，又邀请她去酒吧小酌。喝了一小会儿，她有些微醉了。

见此情景，我心想：如果现在提出的话，她或许会容许的吧。这样想着，却仍然在提出还是不提出之间犹豫不定。

之所以踌躇不决，是因为我深知：这天是我们第一次单独相处，如果一下子将自己的欲情暴露无遗，反而会令她对我产生厌恶。

当时的女性多不喜欢男人急不可待地企求女性的身体，而希望经过一段时间，待两人的关系充分成熟之后再进入那一步。这样的想法一般来说并无不当，至今也没有大变化。

但是，有时候它却是错误的。

迟疑彷徨了许久，我最后还是放弃了那样的念头，开车送她回家。分别之际，我轻轻将脸凑近她的脸想吻她，她也没有回避。可是，旁边出租车就在等候，我只好说声“再见”，便挥手与她告别。

她也点头与我道别，然后径直走进公寓。回去的路上，我一直后悔不迭：要是提出的话说不定已经得手了呀！当时的心情就好像丢失掉什么东西似的。最后只得自己宽慰自己：或许是因为她有点醉了，其实心里并不希望我提出进一步的要求。

就这样，我们规规矩矩地结束了第一次约会。其后，经过第二次、第三次约会，第四次约会时我终于同 A 女生建立了深层的关系。

或许说得有些夸张，男人同自己心仪的女人发展至肉体关系的过程，的确就像是艰难跋涉一样，是件非常不容易的事。

假如诱惑的话会容许的……

这是我与 A 女生两人发展到很深层的关系之后大约半年的事情。

有一次，两人无意聊起初次约会时的情景。

“那时候，你明明说吃什么都无所谓，我却想了老半天，到底是吃西餐，还是吃中餐，还是吃日式餐……”

我这么一说，她笑了起来，接着说：“不过那家店味道确实很好啊，还有氛围也不错。”

“那之后我们还去酒吧喝了点酒哩。”

“酒不错，可是我真的有点不胜酒力呢。”

“可是当时，看你的样子酒量还真厉害哪。”

“那天晚上，如果被你诱惑的话可就危险了。”

说到这儿，她露出一本正经的神情接下去道：“当时，我真的在想：假如你来诱惑我的话我一定会答应的。”

被她冷不防这么一说，我有点糊涂了：“如果那样，你怎么不早点告诉我？我还真是想那样做来着，不过想想第一次约会就提出这样的要求实在不应该，所以才拼命克制着自己哩。”

她苦笑着说：“我也是呀，觉得第一次就轻易地答应好像有点不对劲。”

“不对劲？是什么意思？”

“可不是嘛，第一次就轻易答应这种事情会被看成是个轻佻的女孩，所以……”

“等等！慢着……”

于是我对她实话实说：“没有的事！假如你第一次就答应我的话，我会非常高兴的，这样以后再花费时间和金钱，也不会因为心里没底而焦躁不安。”

“可是，那样不成了随心所欲听从男人摆布的女人吗？”

“千万别那样想。男人才不会那样想哩，反而觉得：她这么理解我的心情，是个多好的女孩啊，应该感谢感激才是哪！”

以上是我的真实感受，只可惜她仍然半信半疑。

不管怎样，上面的例子说明，女性即使第一次、第二次约会也可能会容许男人提出肉体上的要求。

然而，因为担心这样会被视为轻佻的女孩，遭到厌恶、不能接受，甚至有时候这种思维先入为主，导致一直无法突破最后一道防线，两人的关系停留在某个阶段原地踏步——这种情形也不能说绝无仅有。

当女生了解了男生的心理之后，是不是觉得像遭到晴天霹雳，令你大吃一惊呢？

向极端例子对号入座

坦率地讲，男人不会因为女人将自己轻许给真心喜欢的男人而视其为轻佻的女人，绝对不会这样。非但如此，男人甚至会因为女人这样而感动、而欢欣鼓舞，同时也更加明白对方是如何喜欢自己，对自己评价不凡，从而加深对对方的爱。

这应该不只是我一个人的想法，而是绝大多数男人共同的想法和祈愿。

可既然这样，为什么那种错误的认识在女性当中还会有相当广泛的市场呢?

能够想象到的理由之一是，不讨男人喜欢的女人才会轻易委身给男人。

确实，不受男人垂青的女人与男人接近的机会很少，因此一旦受到男人诱惑，便禁不住心花怒放，容易将自己的身体许给男人。

大多数女性当然不希望自己被看成像这类女性一样。

然而这种想法显然是错误的。

首先，男人对于自己不感兴趣的女人，是不可能邀其一同用餐，也不可能提出身体方面的要求的。

当然，偶尔感到寂寞难耐的时候，或许会做出近似的行为，但那种时候，男人对于对方的态度以及言行举止明显是不一样的，他会毫无遮掩地将自己的欲念表露出来，无须为对方考虑从而显得犹犹豫豫。对真正喜欢的女人，男人是绝不会抱无所谓的态度的。

这一点，只要女人稍许用心观察一下，应该是不言自明的。

之所以不肯轻许身体的另一个理由，或许是下意识地联想到了娼妇。

那类女人即使对毫不相识的男人也会轻而易举地容许对方的肉体要求，那是因为她们将许身本身当作了一种营生。她们唯金钱是图，为了金钱，她们以身体为手段进行交易，所以轻许身体也在情理之中。

然而，正常的男女约会虽然不存在钱肉交易，不是做生意，但也无须过分拘执于此而刻意抑制自己轻易不许。

认为让男人垂手而得是不好的不道德的事，或许因为庸人自扰想得太多，像这类极端的例子对号入座的结果，才使得女生不敢轻易接受男生吧。

忠实于自己感情

当男女双方两情相悦、水到渠成的时候，身体的交合是再自然不过的事情，完全不需任何理由，也无须装模作样、故作高洁。

即便如此，许多女生依然觉得太过轻易地越过这一关，可能会被视为轻佻。这种担心也是可以理解的。

事实上，越是美丽、聪颖、条件出众的女性，越是不肯轻易地松开这道防线。同时，女性往往将自己归入这一类中去，或者说希望被看作是这样的优秀女性。这也是理所当然的。

但是，恋爱并非是为了顾全面子，也不是为了成就虚幻的“潇洒”风度而进行的。

恋爱是为自己，也为自己所喜欢的他。如果忘记了最为关键的这一点而痛失喜爱的人，可以说，再没有比这个更加巨大的损失了。

明白这个道理，相信女生也会更加率真地去追求爱。

特别是近年，男人变得越来越温文尔雅，而自信心越来越缺失，以至不敢积极主动地追求女性，这就更加要求女性充分体察，千万不要葬送掉柔弱的爱的芽苗。

这里想再次强调的便是，当觉得将自己的身体交给这个男人也无妨的时候，就不应当强迫自己违背身体的愿望。

“哎……”喃喃着，主动靠近男人也无不可。

恋爱是不需要算计和多余的思虑的。

需要的只是毫无保留地忠实于自己的感情。

自然，这样做的结果既可能是成功也可能是失败，但只要对自己的感情付出了忠实，就不会后悔。相反，“要是那时候率直地容许了他多好呀”之类的后悔是最最要不得的。

总而言之，男人不会因为女人轻易应允而视其为轻佻，也不会因为女人寻找种种理由拒绝而视其为高洁。关键在于自己的内心，心生爱意，就应当设法表达出来，水到渠成了，就不妨从内心到身体全身心地接受他。

·第八课·

交合前务必牢记的心得

男人应当容忍女人体内潜藏着的这种矛盾，并且投合其期待。这是接近女人、洞开一片新天地之时不可不牢记的要点，也是成功之秘诀。

经过无数次的约会，以及前一讲的试探结果，男生对于女生对自己的感情已经成竹在胸了。接下去，两人即将进入更深层的关系，即肉体的关系。

这一过程，相信大多数人已经清楚了。但是在现实中，究竟如何越过这道门槛呢？

坦率说，这一时期或许可称作是恋爱前期最快乐、也是最为神经紧张的时期。

不分昼夜、日日夜夜地思念，忆恋，停云落月，寸阴若岁。心里念着她，同时开始想象两人交合的情景，心绪难平。然而，这种茶饭不思、寝食难安的情形不要说对父母亲，即便是对好朋友也难以说出口。

不过，倘若真的遇到这样的情形，实在要恭喜你，因为你是经过无数艰难跋涉才走到这一步的恋爱达人。在走到这一步之前，甚至已经走到这一步却遭到她横眉冷对、折戟而返的大有人在，数不胜数。

就像一开始就提到的，男人注定是要被甩的。

从这个意义上说，你是个恋爱的成功者——哦，是即将成为成功者。

同样从这个意义上说，既然是个胜者，就要像个胜者，表现出矜持而得体的举止。

这个时期，万万不可贸然一厢情愿地表示："我和她马上就可以进入到深层次的关系了""我和她差不多就已经是那样了"，这一类的话千万说不得。

因为你无意中露出的一句话，很可能会伤害到其他人，或许有人会嫉妒："就他一个人进行得挺顺利的……"有人会不快："那家伙什么意思啊……"说不定会做出什么对你有所妨害的举动来，或者是辗转传到她的耳朵里，令她愤而退却也未可知。

眼看大功即将告成，在这之前，务必尽力做得低调、不引人注目，这是成功的秘诀。

被动接受者的心理

今天一定再向前发展一步——怀着这样的心情，将她邀约出来共进晚餐。

气氛和睦，一切顺利。接下来是邀她去酒吧还是卡拉OK？或者是直接邀她去酒店又或自己的房间？

现在的她毫无疑问，一定会容许的——即使你已经胸有成竹，自信满满，但贸然行事仍旧是大忌。

这时，还是请你想一想“欲速则不达”这句格言，慎勿性急。

为什么非要这样小心谨慎不可呢？或许有人会急不可待：“她也在期待投入我的怀抱哩。”

但还是应当强压这狂躁不安的心理，不慌不忙。

个中最大的理由便是，女性不是主动施与者，而是一个被动接受者。

主动施与者的心理，用稍稍粗俗的话一个字就可以概括，即“干”。只要插入到女人身体内，两人便完成了交合，这件事情便完成了。

可是对于女人而言，所谓交合意味着男人那个奇妙的东西（至少毫无经验或经验甚少的女生不能不这样认为）

插入自己的体内。无论多么喜欢对方，也无论心里多么期盼着与之交合，可真正面临这样的场合，女生仍然会产生极大的不安和畏怯。

女人不同于男人。男人不管三七二十一，只要插入，射精，便万事大吉。因而两性之间有着根本的差异。

除了经验丰富的女人，一般女性对于性行为的慎重和戒备，远远超出男人的想象，若是初次与这个男人进行性行为，就会更加慎重又慎重。

因此，如果真正喜欢她，男人更应当温柔体恤，大方而宽厚，这才显出男人的气度。

“讨厌”的含意

对于男人，女人经常使用一个词：“讨厌。”

说这话的时候，女人甚至会显现出一副连看到对方面孔都觉得厌恶的表情。

当然男人有时候也会对女人说出“讨厌”这样的词，但那往往是针对女人邋遢不整、散漫、自私任性的行为而说的，不像女人说的时候那样饱含感情色彩。

两者间的歧异意味着什么？这是因为男人和女人在使

用这个词的时候，两者赋予这个词的含义完全不同的缘故。

女人在使用这个词的时候，不仅有字面上的讨厌，而且还暗含“在性方面卑琐无耻”的意思在内，从而表达了对男人心理卑琐、人格低贱、贪求肉欲的心理和生理两方面的厌恶和鄙视。

假如一个男人被女人如此数落，则无论如何不会有任何机会，唯有举手投降而已。

如上所述，女人对于在性方面孜孜以求、欲壑难填的男人是深恶痛绝的。

但是请不要误解，以上只不过是女人在两人关系还未进入到深层次肉体关系之前经常会说的话。当两人互相爱慕、互有所求的时候，即使男人执拗地企求，女人也不会觉得讨厌，非但如此，女人还会渴望男人爱得更深更强烈，甚至主动提出要求。

然而在关系尚不牢固、尚未进入到这样的阶段时，男人不应当性急焦躁，不然就会被对方以“讨厌”斥之。

因此，对于建立起深层次的肉体关系，男人切不可性急贸然。可能的话，情愿表现出谨小慎微的样子。

接吻和拥抱

经过前述各个阶段，现在两个人终于单独在一起了。

基本上到了这一步应该没什么问题了，接下来只剩下如何向她发起最后总攻了——男生这样盘算着，开始付诸行动。

场所可能是自己的房间，也可能是城市酒店，或者是情人旅馆。

这里先考察在自己房间的场合。由于不是酒店旅馆，氛围上略微逊色一些也是情非得已的。

这种场合，最紧要的是要酝酿氛围。最简单易行的就是播放她可能会喜欢听的音乐，同时将照明尽量调暗。当然，突如其来地调节到伸手不见五指，自己的意图暴露无遗，有可能弄巧成拙，令她心生戒备。

谨记：灯光要柔和，音乐要舒缓。以此来烘托气氛。

事实上，只要她能够意识到对方为了自己已经很努力了，这样便足够了。

再来看情人旅馆。这里显而易见是两人交合的场所，因此对方心理上一定已有准备。但即使如此，直奔主题对她动手动脚仍为时过早。

首先应当对她的唇发起进攻。

轻轻地抱住她，嘴唇对准嘴唇吻下去。然后，双唇轻离，更加密实地抱紧她，再一次吻她。

女人比男人更钟情接吻。

一般而言，男人引而不发、不完成最后一射总是无法满足，而女人只需男人温柔地拥抱和亲吻便能够感觉十分满足。

说得直白些，较之笨拙地插入，温柔地接吻更能够令女人全身兴奋，燃烧起来。

女人是靠感觉生存的动物，因此，必须认真而温柔、反反复复地亲吻她。同时，若是在她耳旁低声絮语，吐露爱的心声，她的情绪势必愈加高涨。

此时，男人一定会情不自禁地企求她的身体。

然而到了此时仍不可性急。

实事求是地说，女人此刻心里早已暗自允许了。这时候提出要求的话，她一定不会拒绝，只有接受。但尽管这样，且先不要企求，而是更加温柔地抱紧她，反反复复地接吻。

或许有人会觉得，这样做简直是吊胃口嘛。

不错。迄今为止，男人时常被女人吊胃口弄得狼狈不堪、凄惨难状，此时正是反过来男人吊女人胃口的时候。

这是将她的情绪进一步调动起来，以使下一步的行为更加容易为她接受的一种技巧。

恋爱是一种拟态

当女人想当然地认为对方会这样做的时候，男人偏应三弯九转，反其道而行之。

“咦……”女人或许会感到意外，男人不必理会，只管继续温柔地拥抱和接吻。

这种时候，女人往往会对男人刮目相看：“这个人不是只对我的身体感兴趣啊，他更感兴趣的是我这个人呀。”

千万不要忘记：女人对于“只冲身体来的”男人是深恶痛绝的。

现实生活中，女人也经常会诘问男人：“你到底是喜欢我的身体，还是喜欢我的心？”倘若回答“当然是身体啦”，则两人的关系立时破裂。

坦率地说，男人的终极目标当然是对方的身体，与对方发生肉体关系是孜孜以求的祈愿，为此男人才竭尽一切，付出种种努力的。

然而，这是不能直白说出口的，非但不能说，还要尽力隐藏这种卑琐的用心。

或许有人会质疑：这不是欺骗嘛。实事求是地讲，恋爱就是欺骗。将真心掩藏起来，竭力表现出清纯高洁，优雅而潇洒地接近女人，潜入女人身心内里——这就是恋爱的伎俩和花招。

所有的雄性动物都是这样做的。雄性动物在喜欢的雌性动物面前展开美丽的翅膀，扭动全身，跳起雄健的舞蹈，而其实雄性此时正急切地想与雌性交配。

为什么要采取这种虚伪的拟态呢？

理由非常简单，就是为了投合对方的拟态。

在性方面，女人是一种非常复杂、充满矛盾的动物。在恋爱初期，女人是极其单纯和精神性的，较之过于现实的肉体关系，女人更加渴求精神上的爱，甚至只要有精神之爱就足够了。

而一旦与男人交合、建立起肉体关系之后，随着时间推移，女人渐渐从中体验到未曾有的欢悦，从而唤醒了性的潜能，慢慢对性产生了贪欲。当然，即使交合次数增多也无法令其性觉醒，对性依旧毫无贪欲的女性也非绝无仅有，但是大多数女性的身体内天生潜藏着这种性觉醒的本能。

换句话说，女性的身体随着年龄增加和体验次数的增多，会非常极端地从追求高洁的精神之爱，向渴求世俗的肉体之爱突变，完全是一百八十度的大转变。这种初期与成熟期的二律背反机制，悄悄地根植于女人的身体内部。

身体渴望更强烈、更汹涌、更直接的交合，但是一开始却期待男人温柔优雅地接近。

男人应当容忍女人体内潜藏着的这种矛盾，并且投合其期待。这是接近女人、洞开一片新天地之时不可不牢记的要点，也是成功之秘诀。

·第九课·

施与的性与接受的性

女人是不会轻易许身的，这是由于其身体特性而使然。所谓爱，就是要理解对方的感情和状态，深思熟虑之后才行动。而女人期盼的，就是那种能够体谅自己的情况，温柔等待的男人。

假设一个男人喜欢上一个女人，爱上了她。

自然地，男人会上前寻话搭腔，接近她。

——不，近年的现实却是，即使喜欢上一个女人，男人也不懂得主动去接近——这种男人可以无视，所以这里姑且不作探讨。

不上前接近自然应有其不接近的理由，但一般来说，男人对喜欢的女人至少会稍作努力，比如上前搭腔接近等。

或许努力了也是无功而返，但就如第一讲中提到的，对于男人而言，被拒绝是天经地义的，没什么可恐惧畏怯的。

以下，我们假定男人喜欢上一个女人，来看看男人一般究竟是如何接近女人，与其建立起亲密关系的，以作为彼时必须具备的心理准备。

男人的欲望

假设有一位令男人喜欢并且想接近的女人，她的名字姑且称为 S 女生。

当对这位 S 女生产生好感时，男人心里会激发起各种各样的欲望。当他上前同 S 女生搭腔时，多数男人一边自我介绍，一边心里在想象着 S 女生的身体：她脱下外衣，除去乳罩之后，胸前的肉团如何丰满、柔嫩，握在手里手感如何……她褪去内裤，赤身裸体的时候，会是怎样一副羞怯的神情；两腿之间那片葱茏以及秘处会是什么样……最后，倘使自己吉星高照，能够幸运地同 S 女生结合，将是何等爽快、欢愉和幸福啊……

或许有人不以为然：这不是赤裸裸的“只冲对方的身体而去嘛”？须知，这种对女人身体的欲求和冲动却是男人最原始也是最重要的欲求。再说得彻底一些，这种欲望正是男人的本愿。男人本来就是见到女人便祈望着接近她、与之交合的动物。

这不是仅见于人类的欲求，而是所有雄性动物共同拥有的本能欲望。由于有了这种欲望，世界上的所有生物才能繁荣昌盛，延续至今，并且仍将繁衍下去。倘若雄性动物丧失了这种欲望，那么他所属的族群很快必将衰败以致灭亡。

从这个意义上说，性的欲望乃是种族图存和繁衍不可或缺的、最最基本的欲望。

然而在现实世界中，将这种欲望彻头彻尾地呈现出来、表达出来，却势必遭到毫不留情的谴责和惩罚。例如，虽说是人的基本欲望，但是不顾场合不分时机无视周遭状况的显呈，就是绝对不被容许的。

于是，这里便需一个极为重要的阶段，就是诱说女性、对女性倾诉爱的过程。

这是唯有人类这种具有高度精神性的生物才具有和被提倡的过程，换种说法，或许也可以称之为“文化”。

“说服女性这类伎俩也能称之为文化？”或许有人不以为然。事实上，没有任何一项差事像说服女性这样多彩多样、变化无穷，同时需要极大的智慧和忍耐精神。

在诱说女性、对女性倾诉爱的时候，应当采用什么样的态度？这就成为一个非常重要的课题。

被动接受的难度

亲身经历过对女性倾诉爱的尝试的男人，大多抱有同样的感受：劳力费时，绞尽脑汁，实在是辛苦不堪。

前面几讲中已经提到，男人的最终欲望是接近女人、与之交合，享受性爱的欢悦。然而，这实在是件不易之事，因而不能指望速战速决。越是性急焦躁，反而越容易让自己深陷焦躁难安的境地。

倘若认识到在恋爱这个过程中，男人和女人身处截然不同的两个世界，或许事情就会顺利得多。

这种不同是由于身体构造不同这个根本差异所引起的，而非女人故意吊对方胃口、拿腔捏调摆架子。

那么，男人和女人的根本差异又在何处呢？

简而言之，男女之别就是“施与的性与接受的性”的区别。

通俗地讲，在性交过程中，男人是将自己的性器——阴茎插入到女人体内，是主动施与的；而女人则是以自己的性器——阴道迎纳男人的性器，因而是被动接受的。

或许有人觉得两者似乎无甚分别。殊不知，在两者交合的过程中，插入与迎纳即施与和接受两者有着天壤之别。

为了使男人能够更好更贴切地理解这一点，请想象一下自己吃东西时的情形。

面包也好寿司也罢，或者其他饮料也一样，当你将其送入口中的时候，会下意识地想，这东西吃进去不要紧吗？没问题吧？一般总是仔细端详一下之后才往嘴里送入。即使是性格再粗疏的男人，因为是送入自己身体内的东西，关乎自己的健康甚至性命，也会慎重小心。

与此相类似，想一想性交的场合，就会明白了。

女人与男人交合时，如果将这种行为过程描述得直白些彻底些，无非就是接受男人的性器插入到自己的身体内。

自然，男人是无法体验到这种状态的。（或许极个别的“同志”有所例外，不过那又自当别论了）

无论如何，当他人身体的一部分进入到自己身体内的时候，即使再感觉迟钝、无动于衷的女人，毫无疑问，也会仔细考察和确认对方的来历、秉性以及实态，加以严密关注的，其中少不了还会有人断然拒绝甚至激烈反抗的。

同样的道理，男人和女人在对待性交上的态度，因为施与的性与接受的性，两者的实际感受存在着巨大的差异。明白了这种差异，就会理解女性为什么对性这件事情极为慎重和戒备了。

精神性的有无

现在，必须接受他人尤其是异性的身体的一部分进入到自己体内——当女性意识到这一点的时候，又是如何思量的呢？

首先，理所当然的，她一定会想，如果不是自己所爱的人那是绝对不能容许的，至少，如果不是自己对之怀有好感的人是不会容许的。

因此，女性们所说“跟自己不爱的人做爱是无法想象的”，对其含义应该有很深的理解了吧。同时，对于女人所能够容许的男人的范围如此狭小、设置了种种限制，也会加以认可。

女性经常会这样表白：“我只爱一个男人”“如果对对方没有爱情或者敬仰之情的话，我不可能同他做爱”。类似这种感觉正显示出女性对于爱的基本主张，也是她们对爱情赋予了深刻的精神性的体现。

与此形成对照的则是，男人的爱是冲动的，欠缺精神性的。

事实上，男人在加深对对方的精神性的爱之前，仅凭外表，如漂亮的容颜和美丽的身型，便会产生性的欲求。所以，称之为精神性欠缺也无不妥。

但是，一旦明白了施与的性与接受的性之间的差异，就不会将女人的爱简单地理解为仅仅是精神上的问题了。容许异性身体的一部分插入自己身体内，这种肉体上的特性反过来将其精神性推到了更高的高度，因此，肉体关系也被摆到了必要的位置。

而男人的爱同女人的爱相比，却显得很肤浅、刹那性，换句话说，男人往往将欲望的处理摆在优先的地位。其典型的例子便是色情场所的性交易，男人在烟花女子身上将性欲这种原始欲望解决掉，便可以得到瞬时的满足，而不必考虑什么精神性的东西。甚至，在不少男人看来，没有精神性或许恰恰是烟花女子的优点哩。

反过来，献身于色情场所的烟花女子的精神性又如何呢？

她们通过主动接纳男人进入自己身体内从而获得相应的金钱，因而根本不考虑什么精神性，倘若一一考虑的话，就不可能与众多不同的男人交合了。

男人即使花销不菲，也渴望进入女人身体里。即使与对方没有精神上的沟通、即使对方身体龌龊不洁，仍旧难以抑制这种欲望。

这种单纯性和现实性，正是源自其属于高昂、插入、放出的线性本性，放出收回只不过是一进一出的动作，即使没有爱，依然能够自如地进行。事实上，只要一瞬进入女人体内，放出所有焦躁不安之源，多数男人便可以得到满足。

女人绝不会如此。那样异样的东西进入到身体内，倘若仅仅是一瞬的话，着实无法容忍——既然进入，那就密密实实、彻彻底底地进入，一辈子爱我守护我——如果没有这样的保证，女人是不会轻易接受这个男人的。

温柔地等待

以上考察了施与的性与接受的性之间的差别。至此，对于女人之所以不肯轻易容许男人的理由，想必有所洞悉了。

总而言之，女人不像男人所想象的那样会轻易地答应男人。

如此，该怎么办？

答案很简单，唯有等待。等待对方的精神性缓缓地不断高涨，直到她觉得眼前这个人值得爱，可以接受他身体的一部分进入自己身体内。

有人或许会说："我可等不及这样！"那么，或者打道回府，或者去另找烟花女子。

也有人或许会说："我不喜欢这样等待！"那么就像前面所述，你可以不必只拘于一只兔子，可以同时去追三只兔子、四只兔子。或许其中某只兔子会突然心情转换，轻易地接纳你。女人注重精神性，但有时也会因内心空寂、惴惴不安而二三其德的。

倘若你连这点"拾落穗"的运气和机会都没有，坐立不宁，寝食难安的话，最好想象一下自己进入便宜的小饭铺，面对端上来的怪异饭菜时的情形："什么东西呀这是！便宜是便宜，可味道怪怪的，能吃吗？！"这样想着，你一定会踌躇犹豫，不敢将它送入口中。

女人对于面前的男人也是同样心理，她必然要考虑种种，思前量后。

"别想那些无聊事情了，快点吃！"即使旁边有人大声斥责，对方仍然需要时间斟酌，才能下决心。

表面看上去似乎摆谱端架子，但现在她正在慎重地考虑要不要接受他进入身体内。——如此一想，就不会性急焦躁了。

当然，熟虑的结果也可能是一声"NO"。

但是，这也许不是彻彻底底的“NO”，而是暗含“请让我再好好考虑考虑”意味的“NO”。

若是后者，则表明她目前尚不能以身相许，但是仍旧可以作为交往的对象继续下去。

碰到这种情况怎么办？这并不是十分困难的问题，全在于各人的自我判断。

仅仅作为交往对象，岂不是永远也不可能发展为性交对象了？——或许有人会灰心丧气，另觅良枝。但是，灰心丧气意味着百分之百不能同她交合，而愿意继续交往下去，说不定哪天她会同意以身相许的，有梦想总比没有梦想好。

唯一可以明确的，就是女人是不会轻易许身的，这是由于其身体特性而使然。

所谓爱，就是要理解对方的感情和状态，深思熟虑之后才行动。

而女人期盼的，就是那种能够体谅自己的情况，温柔等待的男人。

“性急的乞丐要饭要不多。”正像这句俗语所说，性急的人不易成功，所谓欲速则不达，必须耐心地等待。

只有这种男人才能够最终戴上成功的桂冠。

·第十课·

花哨内衣的危险性

所谓“清纯”或许是男人一厢情愿臆造出来的，而非女人天生的品性。可是，直至今日它仍然吐露着发霉的气息，强压在人们头上。

男人和女人是截然不同的两类性，故此才称为异性。

本书就是从恋爱的领域来彻底考察、阐述男女的差异，以期从中发现如何建立起更完美的两性关系的秘诀。

因此必须做的，还是回到“男人和女人是截然不同的”这个原点来进行考察。

不同的感受性

男人在与女人接触交往的过程中，首先不能忘记的是，两者的感受性截然不同。

所谓“感受性”，按照辞书的释义是：“有机体的感觉器官对于外界刺激物的感觉能力。”感觉器官因外界刺激而产生的感觉、知觉，便是主体对客体的认识，这也是我们理解问题的原点。

避开繁复的解释，用简单易懂的话来说就是，所谓感受性即人对于各色各样事物的感觉能力。

然而，男人和女人感受性是大相径庭的。

为什么会大相径庭？男人和女人不都是人吗？同样是人，但身体构造却不一样。两者统统赤身裸体时就容易明白了：男人身上拥有睾丸和阴茎，体内分泌一种称作雄性荷尔蒙的类固醇化合物；而女人身上拥有卵巢和子宫，分泌的则是雌性荷尔蒙。

由于这一性的原点迥然相异，从而在所有方面产生影响，包括令男女两性在感受性和兴趣嗜好等方面大相径庭。

城堡是男性文化

只要审视一下留存至今的一些世界文化遗产，就可以清楚地理解男女两性的嗜好差别。

在日本，长期以来残存下来的男性中心社会，使得男性嗜好在各方面得到十分明显的体现，其一便是日本天皇一家居住的江户城。此处原本是江户幕府的支配者将军所居住的地方，故而男性色彩极其浓厚，给人留下极为深刻的印象。为了竭力强调男人的存在，它摈弃了一切华美和花哨的色彩，只使用黑白两种颜色，呈现出一种矜持和静谧的氛围。

这种倾向在当时武士的住所以及库房等建筑中也时有呈现。

再看日本的传统文化。茶道因为创始者为男性，因此也拒绝一切奢美，而竭力突出空寂清冷的世界。

与此不同的是，欧洲尤其是法国、意大利等，则完全是另一种情况。

在这些国度里，最崇尚的无疑是“爱”，女性的地位非常高，自古以来女性文化便深深地扎下了根。例如，由路易十四建于十七世纪末的凡尔赛宫，不可否认，它虽外观无比华丽，极富装饰性，同时也给人以杂乱无章的感觉。

换句话说，日本的城堡体现的是男性中心主义，因此它所强调的必然是男性的嗜好，而欧洲的宫殿体现的则是女性中心主义，故而堂堂地反映出女性的嗜好。

遏制性的冲动

这种男人与女人嗜好的差异，反映在城堡以及文化中，自然没有什么大问题，只要按照各自的喜好去认识去评价便可。

可是，如果这种嗜好上的差异被表现在女人的服饰尤其是内衣上，就不能不说成为一个问题了。

为什么这样说？因为女人认为美而穿在身上，男人却觉得非但不美、毫不吸引视线，甚至还令自己产生不快，这就有可能对两人的爱情产生不小的影响。

花了大价钱购买一堆衣服，就是为了让他喜欢，期待他拥抱自己、爱自己，谁料想非但白白浪费了一堆衣服，还招他嫌厌。——有时女人会这样想，甚至百思不得其解：“穿着色彩缤纷的花哨内衣，到底有什么问题？”

谜底揭开其实非常简单，绝大多数男人不喜欢色彩缤纷、花里胡哨的衣服，尤其是内衣更加会令男人觉得无法忍受。

“可是，有时候穿了花哨的衣服他也称赞说‘可爱’，为什么换成内衣就不行呢？”多数女人还是不能理解。

确实，外衣、大衣、饰物之类，稍许花哨一些男人还能够忍受，但是内衣就不同了。因为男人是眼睛看着内衣，拥抱她、亲吻她、与她交合的。当他全力以赴，准备进行这样重要的仪式之际，这样花里胡哨的内衣却很有可能令他的性欲一下子萎靡不振。

或许有人会觉得这简直是荒唐无稽，不可能的事情。然而事实上，大多数男人却都有这样的共同感受。

那么，男人对什么样的内衣会产生兴奋、产生冲动呢？请继续进入下一节。

男人的憧憬是清纯

男人希冀的、对女人怀有的憧憬究竟是什么呢？

答案是“清纯”。

男人梦中的女人应该是清纯的，对清纯的女人心怀憧憬，并且孜孜追求清纯的女人。

这不仅仅是身姿和外形上的清纯，而且包括日常生活中的言行举止，交合之际自然也不例外。这一切全都清纯可人，是男人的本能愿望。

为什么男人对清纯女性如此梦寐以求呢？

理由很简单，因为这是男人最欠缺、最无缘的品质。换言之，男人追求自己所不具有的东西。这与女人追求男人“像个男人样”或许如出一辙吧。女人身上最不具备的品质无疑是男人气概，因而女人希望从男人身上追求到。

不过，近来颇具男人气概的女性似乎也多起来了，她们既能精辟地发表自己的意见主张，同时还拥有不可小觑的经济实力，在职场上，她们积极投入工作，英姿飒爽，令人看了感佩不已。

然而在工作之外，特别是男女两人缠绵在床笫的时候，清纯温柔的一面才是男人所希冀的。平时工作中作风飒爽，此时娴静温婉就更加显现出魅力。

不管怎样，绝大部分男人心目中都对清纯的女人充满了憧憬。

由这里男人还可以展开形形色色的遐想。

例如性感。清纯的女人一反常态情欲高涨才称得上性感，平时大大咧咧、邋邋遢遢的女人情欲四溢，也难以称之为性感。邋邋遢遢的女人与清纯是无缘的。

过去日本女性所受的教育便是，要培养这种清纯的品质，也这样努力过，因为这样才能受到男人的庇护、争取到幸福美满，是女性必须选择的最佳途径。在以男人为中心的社会里，如此就意味着幸福。

从江户至昭和时期，无数女人都是那样做的。而到了平成年代，装扮清纯的女性急速减少，尽管这本身或许可以算是一种传统美德。现在的女性，堂堂正正地提出自己的主张，自己勤劳，为自己而生存。与此同时，烈性逞强、

“像男人样”的男人或许也在逐渐减少。

这些本不是男人或女人与生俱来的品性，而不过是男人为了吸引女人、女人为了吸引男人而采用的手段而已。

从这个意义上讲，现代社会真正是男女不必以别人的意志为转移、我行我素地生存的轻松自由的时代。

不过，作为恋爱中的调味料，异性之间互相吸引的魅力也在逐渐失去。

诚实无饰的性

世风随着时代的变迁而急速地革易。

然而，身体以及生理的感觉却并没怎么变，即使以百年、千年为单位来看，也几乎一成不变。

由上可知，所谓“清纯”或许是男人一厢情愿臆造出来的，而非女人天生的品性。可是，直至今日它仍然吐露着发霉的气息，强压在人们头上。

假设有个男人，他一点也不强悍、又毫无男人气概，他还能依旧执着地追求清纯吗？不，或许应该说，男人越是丧失了男人气概，就越是强烈追求女人的清纯。

而与大部分男人对清纯的追求背道而驰的象征物，莫过于花里胡哨的女性内衣，多数懦弱的男人会因为看到它而顿失欲情。

可是，女人也有她们的牢骚："那样说的话，男人不是也有穿花哨刺眼的短裤的吗？还有穿那种短得好不容易才遮住那块儿的比基尼短裤的呢。"

确实，那样的男人不能说绝对没有，不过那只是虚张声势而已。问题在于，那样的男人还会要求女性穿清纯的内衣裤吗？

对此，女性仍然会反驳甚至诘难："穿上这个，是觉得你会喜欢它，眼睛发亮地朝我扑过来，谁知道你竟这样！""竟然有这种事情，简直叫人不敢相信！"

但是，男人若是知道女人对其充满种种期待的话，大多会无力应承。

除非是长时间相濡以沫、互相深知的夫妇，即将交合或者是性爱时日尚浅、互相还没有建立起自信心的男女之间，女人越是积极主动，越会令男人委顿不振。

这种感觉女人自然是无法理解的。

但是男人的内心以及性器，都与外观相左，是十分孱弱和诚实无饰的，稍许的迷茫和不安，就会令其挫缩，陷于不能。人体器官中，大小随性可变的唯有阴茎，而只有男人才拥有它，故而女人对于这方面的变化着实无法理解。

男人身体上的这部分，会因为自身所处的状况和心理的变化，而时时刻刻发生着微妙的变化，这个神经质的部分最敏感而骇恐的，就是女人过于花哨的内衣裤。今夜她欲情激昂，正穿着艳丽的内衣股股地等候在床上——这样一想，霎时间男人就会望龙弃甲，落荒而逃。

“可是这是‘一件定胜负’的内衣哟，都说穿了它在身上，男人准保欢喜若狂……”不以为然的女性想必很多吧。

然而这却是错误的。不信，看一看女性内衣的卖场，为什么没有一个男人，尽是不懂得男人心理的女售货员？

或许正因为这个道理，女性内衣卖场真的很需要男售货员哩。

白色衬裙

那么，什么颜色的内衣最为男人垂青？

显而易见，一件纯白而朴素的衬裙就足矣，因为它是最清纯不过的。

“如今早就没有卖那种内衣了。现在的时尚完全不一样了呀。”可是，人的身体与流行是风马牛不相及的两码事，前面也提到过，身体的感觉几乎是一成不变的。

很久以前，江户时期就是如此。

成为热议话题的电视连续剧《笃姬》，其中的夫人们与将军共寝时，穿的都是白色的衬裙。换句话说，白色的内衣最能显现出清纯品质，也最为男人们所垂青，身居大奥（即江户时期大臣、将军的夫人们的住处）的女性们是深谙这一点的。

倘若谁说“我可不愿因为讨男人欢心而穿什么白色衬裙”，这类女人大可不去理会，照样穿她的花里胡哨的内衣。恋爱和性爱，都是因人而异的，也是为人所用的，如何享用是各人的自由。

但是，男人喜欢清纯这一点，却是从古到今历久不变的嗜好。

无论承认它还是否认它，但请勿忘记它，并将它留在大脑的一隅。

·第十一课·

替牢骚满腹的男人们进一言

女性无不是为了美丽而仔细又仔细地装扮自己。对这种努力男人是感怀在心的，倘若是为了自己而如此，就更加喜不自禁了。然而，当看到女性涂得又浓又厚的脸孔，男人却备觉煎熬。

前一讲阐述了男人和女人感受性的差异以及不同的嗜好，这里再更加具体地对日常生活中的时尚尤其是女性的服装、妆容以及形形色色的穿戴装饰做一番考察。

艳妆浓抹的抵触

以下所述都是拥有普通、正常感性的男人们的喜好和厌恶，因而也可以说是绝大部分男人的切身感受。

首先来看女性的化妆。

男人并不怎么喜欢浓重的妆，换句话说，对极为浓艳的妆容有一种天生的抵触。

当然，女性无不是为了美丽而仔细又仔细地装扮自己。

对这种努力男人是感怀在心的，倘若是为了自己而如此，就更加喜不自禁了。

然而，当看到女性涂得又浓又厚的脸孔，男人却备觉煎熬。因为对男人来说，是绝对无法想象在自己的脸上又涂又抹的。

毋庸讳言，男人也会蓄须，有的男人每天花费不少时间精心拾掇它；男人也会经常变换发型；还有的男人拘于眼镜的品牌及质地等。但是绝不会想到将各种化学品敷在自己脸上。而当自己意想不到的东西被强调放大至眼前时，自然难以接受，并且会欲情低落。

这种艳妆浓抹中最甚者，莫过于黑乎乎一片的各种眼部化妆。

例如，为了使眼睛看上去更大、更有神、更吸引别人视线而粘贴上去的假睫毛，还有涂于眼睛周围的眼影和睫毛液，等等。

这样做，确实能够突出眼部，但这只不过是一个睁着大眼睛的玩具人偶而已，大部分男人只会对其惊惧不止。

可以想象一下，如果两个人约会，气氛正浓时，男人拥紧她刚想献上一吻。突然间两只大眼睛朝自己迫近，情绪会一下子被破坏，立时别转脸孔也说不定哩。

特别是粘在眼睛上的假睫毛，令眼睛显得极不自然，男人对此更是抵触重重。

然而，这类眼部化妆非但没有衰微，反而愈演愈烈。事实上，典型地化着这样妆容的演艺界女明星据说还非常有人气，此刻我脑子里便浮出数张明星的脸孔来，但请恕我将其姓名隐去不表。

不管怎样，男人对这样的脸孔是很难接受的。这从男人自小就不怎么喜欢玩偶这一点上也可以得到解释。偶尔还见到过像史努比一样笨乎乎傻兮兮的妆容，那更不必说了，反正扬扬自得、神气地夸示炫耀的又圆又大的假眼睛，足以让男人倒胃口。

如果非要我道明个中的原委，那是因为这种妆容太缺乏真情实感了。

不管眼睛大小、睫毛深浅，只要其中饱含着情感，就是最性感、最美丽的，就能激发起对方的欲情。

我们在观赏歌舞伎等传统艺术的时候会发现，当需要表达强烈的情绪和情感时，演员都被妆描成横长的细眼，正所谓“横眉冷对”，而且外眼角和眼睛内侧的眼窝处也都染成赤红色。这种场合，倘若单单是大而圆，那才叫吓人哩，会令观众失笑喝倒彩的。

总而言之，除非你想与对方分手拜拜，否则女人在与喜欢的男人相处时，应当尽力避免过分浓艳的妆容以及黑乎乎、大而无当的眼部化妆。

过于艳丽的服装

还有会令男人感到难以接受的，就是女人过于艳丽的服装。

例如，红、黄、蓝等原色杂乱无章地拼凑起来的服装，以及好几种颜色叠床架屋般重叠在一起的衣裙，还有恶狠狠似的豹纹裙装或长筒袜。

看到这些，男人不仅厌烦透顶，甚至想赶快逃走。

男人会蹙紧眉头暗想：为什么就不能穿得再简约些、再沉稳些呢?

这其中的心理正如前一讲男人喜好的内衣部分已经提到的，男人对过于华美艳丽的东西是不甚喜欢的。

男人看到明快而漂亮的衣裙会觉得迷人，会接受欢迎，但是对于异常艳丽的服装却往往蹙眉。

这类异常艳丽的服装，从年轻女性到年长的婆婆身上，都经常可以看到。但总体而言，它们并不受男人欢迎。

说起来，之所以穿着这样艳丽的服装，目的是为了不让男人的目光集中在脸上，故而才以眼花缭乱的服装来干扰分散男人的视线。这种潜意识多少能够理解。

服装过于艳丽，确有抓住对方视线的功效，从而使得穿着它的人的脸孔被忽略掉。但是，当男人希望看清女人的脸孔时，还是稍许收敛一下，穿着色彩简约、单纯一些的服装为好，无疑这样对男人的吸引力更大。

在以男人为中心的社会里，最为男人欣赏和接受的服装，其实是素朴无华的低调的制服，男人会情不自禁地为之心旌摇曳。

若被那样的手握住……

还有一个，必须加以考察的，便是女性指甲上的装饰。

近年来，美甲成为一种十分流行的时尚，以至美甲沙龙鳞次栉比，指甲上的装饰越来越五彩缤纷。

女明星们自不必言了，连欢娱场所的陪酒女郎们也都争先恐后，互相炫耀着自己的手指甲。

其实，即使是夜夜笙歌的欢娱场所，高档次的去处也是禁止女郎们将手指涂得五光十色的。然而不论上班族还是学生，仍有不少女性在指甲上大做文章，而且已经不仅仅是色彩，甚至连闪烁着奇光异彩的碎石仿钻都上阵了。

坦率地说，男人对这种手指是不敢领教的。

据说这种美甲时尚被称为“美甲艺术”。可这真算得上是艺术吗？

确实，美甲花费了不少时间和金钱是完全可能的，但它只不过是向他人卖弄和炫耀的一种游戏而已，毫无艺术性可言。

事实上，被那样的手握住，不由自主地会有种疼痛的感觉，被那样的手抚摸也无法不让人不安。那样的纤手，淘米择菜煮饭自然是毫无指望了，万一不幸，男人的命根子还要被它握住……

或许女性将手指装饰成这样的时候，不应该做那种事情。但万一，那只手向自己的命根子靠近过来，男人岂止是欲情顿失，甚至会惊慌失措，唯恐伤害到它。

变态的脐饰

与美甲相类似，还有耳朵和肚脐周围的装饰也让人嗤鄙。

或许本人是出于爱美之心而为之，并且确实自认为美丽无比，但是从他人角度来看，只能对这种离谱的自我表现欲摇头。

当然，确有不少男人喜欢女人的脐饰，但那并非因为其美丽，而是因为可以一睹女人的脐腹部，养眼而已。

这一点，希望女人切勿看碧成朱，菽麦不辨。假设自己交往的女友露着肚脐，走在街上，相信几乎所有的男人都会反对的。

可是这种装饰似乎大有变本加厉之势，最近甚至还挂到了鼻子、唇、舌头上。坦率地讲，这已经超出了装饰的范畴，看着就令人浑身寒毛倒竖，还以为是心理变态的受虐狂，绝对不会产生任何愉悦之感。

硕大蓬松的发型

还有一样令男人厌恶的装扮，就是那种硕大而蓬松、像顶着一团巨大的棉花糖似的发型。

看到这样夸张怪诞的发型，多数男人会产生反感，完全没了拥抱的欲情。女人不站在拥抱者的角度，因而或许对此不甚理解。当男人看到一大堆乱糟糟的头发朝自己眼前压迫过来时，立时会忍俊不禁——不！是立时会感觉呼吸困难，只想赶快逃走。

较之这样的发型，男人更加垂青富有清洁感、简单而舒爽的发型。这种发型只能让人感觉是为了激怒男人而故意打理的，除此别无解释。

在我居住的涩谷一带，经常可以看到皮肤黝黑、嘴唇煞白、顶着一颗硕大的染成褐色或是粉红色的脑袋的年轻女生，就像童话故事中的妖精一样。据说这种装扮称为“山姥时尚”，看看她们的模样，可不就是山姥——山中的吃人女妖嘛。见此尊容，所有的男人都会掉转视线，扫兴无趣的。

总之，这类异常的时尚，尤其是艳丽得极为刺眼的服装、装扮，是绝不为男人所接受的。

惶恐失语的男人们

为什么女人会不惜花费不菲的金钱和时间，用这类男人不喜欢不接受的服饰来打扮自己呢？

尽管不可思议，但是仔细端详，其中的理由便渐渐明晰起来。

多数女人将自己的眼睛化妆得又黑又大，头发打理得又蓬又高，粉彩涂得又厚又浓，然后穿上艳丽无比的服装，再从手指到脚趾修饰一番，擦上各种颜料——如此花费金钱和时间，最先一睹尊容的却是自己的好友闺密，也就是其他女性。她们越是艳丽奇特，就越是赞赏不绝："哇！""太漂亮了！""简直酷极了呀！"闹闹哄哄，互相品评，互相恭维。

然而，这只不过是女人之间对于服饰的相互评价，而完全没有顾及男人的感受，完全无视了男人的想法。

或许不少女人会反驳："没有啊，我问过他，他也说蛮好的呀！"但是千万不要误会，他并非对眼前的所谓时尚发表评价，而仅仅是对于拼命修饰装点自己、为此努力不懈的女友表示肯定而已。

"那不好他为什么不直截了当地说出来呀？"这个理由很简单，男人因为惶恐而失语了。

"没有的事！男人就应该像个男人样，有什么话明明白白地说出来嘛。"可是男人却不能够说，因为男人其实比女人还要柔弱，即使心里想说也无法说出口。

"胡扯八道，一派胡言！"

但不幸，男人生就是柔弱的动物，尤其是对怀着爱意的女人，就变得更加孱弱，语带批评的话是不容易说出口的。

在此，我谨以一个老爷子辈的身份来替男人们说一句：“那种过分艳丽的服饰男人不喜欢，最好还是免了吧！”

同时再一次希望各位很好记取的是，男人和女人的感受是截然不同的。毋庸多说了，两性的嗜好也是极其不同的。

明白并理解这一点，是女人赢得男人爱情的最好方法。

·第十二课·

性爱是两个人的共同作业

如今号称是男女平等的时代，男人单方面追求和享受性爱的时代理应终结，取而代之以男人和女人共享性爱带来的欢悦的时代。这里最重要的，就是要体察并契合女人的步调节奏，这也就是“悠爱”的核心之所在。

从这一讲开始，将进入男女两性实际结合，也就是性爱的实践篇。

经过前述几个阶段，现在根据男生的判断，两人已经互相确认了爱情，并且女生也愿意继续往前，进入深一步的关系。

如果仅就这些表象便认为水到渠成，接下去就是如何相拥上床了，这样想未免过于简单。倘若真的就这样去做，很可能会招致对方的嫌厌，渐行渐远。

要想成就恋爱，或者性爱，对男人来说，还有许多必须留意的事项。

男性和女性的时滞

首先应当留意的一个事实是，男人和女人对于性爱的迎纳有着根本的区别。

不消说，男人和女人期待与喜欢的人相爱相拥、进而交合的欲望是一致的。但是，其过程和情欲的兴奋状态，男女之间有着不小的差距。假如不懂得这一点，男人只知一厢情愿地随兴而动，搞不好会弄巧成拙，遭遇意想不到的挫折和失败。

如果将男人的欲望直言不讳地说出来，大部分男人此刻期盼的是，她羞答答地脱去衣服，上床，然后顺从地接受自己。

换句话说，脑子里除了交合这档子事，其余一概不予考虑了。

可是女人却与男人不同，并且是很大的不同。

最显著的，即使在感情上已经做好思想准备——今夜，在他的爱抚中，与他共度良宵也未尝不可——但是，并不意味着立即就可以接受。

即使男人提出要求，女人也理解并同意，但在那之前，女人还是期待着男人能温柔而体贴地令自己渐燃这簇欲火。

明明同意交合，但又不能立即接受，这算什么？——这便是女人同男人的最大差别。对于性爱，女人不像男人那样单纯和短交速决。而之所以会有这样的巨大差别，一如前面提到的，女人不同于男人的主动施与，而是被动接受的性。

现在让我们站在女性的立场，对女人作为接受的性，在做好心理准备的同时还需要做哪些准备稍加了解。

首先，女人的性器——阴道必须变得柔软润滑才行。无论是精神还是肉体，在没有做好充分的准备之前，非常突兀地被异物插入其中，女人当然会在疼痛的同时，对男人陡生厌恶之情。

男人想要完成交合，首先必须勃起；同样地，女人则必须润滑。

然而大多数情况，男人勃起之后便向女人迫来，而此时女人未必已经进入可以接受的润滑状态。除非经验非常丰富的女人，或者对对方感情十分强烈，一般来讲，女人不会轻易地进入“临战状态”。

换言之，男人和女人之间存在着性的时滞——状态滞后。

明白了这一点就可以看出，随兴而动、短交速决是多么自私任性的行为。

那么，如何才能引导女性进入“临战状态”呢？

过来之人都清楚：前戏非常重要。

最有效的是爱抚

所谓前戏，是指“性行为之前（主要由男性对女性）所进行的爱抚行为”。

写到这里，随意查阅了一下《广辞苑》。在发音相同的词目下只找到“前议”一个词条，而没有“前戏”这个词。“前议”是指“在正式议论之前进行的预备性议论”，不仅释义味同嚼蜡，其内容也枯燥无趣。

号称“最大的语言百货店”、日本收词最多的辞书《广辞苑》尚且如此，日本人对于性的漠不关心和感觉迟钝就可想而知了。

——可是不。事实上，日本人对于性或者性爱可说是兴趣最浓的，然而表面上，“爱和性是耻于启口的，应该隐藏起来”这种陈腐观念却谬种流传，全都竭力装作漠不关心的样子。

也难怪，正因如此，才使得绝大部分男人无法站在女人的立场上，体察女人的特性，在性爱过程中正确地引导女人。

就性爱而言，男人首先被要求的就应当是体察女人的心情和欲望。

第一步，必须做的，是让女人的性器充分润滑，以便于男人的性器插入。

这时男人应当做的，是温柔地拥抱她、搂住她、亲吻她，使她紧张的心情得以舒缓、安心，然后慢慢地脱去衣服。在脱内衣的时候，切记不可手忙脚乱，情急不耐烦甚至气急败坏，生拉硬扯乳罩的带子或者强行褪下内裤，这是万万使不得的。相反，应当轻轻地抱住她，通过接吻、爱抚，慢慢地让她的身体对眼前这个男人逐渐适应。

这个过程中，最为有效的方法就是爱抚。

正如字面所说，爱抚就是充满爱意地轻抚。爱抚应当从脸颊、脖颈、肩头、后背、腰腹部一直到臀部，差不多抚遍全身。

被所爱的人温柔地爱抚，能够令女性感到安心，情绪宁定下来。

至此，女人心里已经默许，此时靠近她，身体相贴，或者做类似的行为应该都没问题，但是欲交合还为时尚早。倘若此时“剑拔弩张”，性急难耐，就无法令女人得到性的满足，得不到美满的性爱享受。

还有最后一段行程必须完成。接下去要褪去她的内衣裤，肌肤相接，互相感受对方的体温。这时最好的方法就是抚摩她的乳房。

自然，如果乳罩已经除去，用手抚摩她的乳房再便利不过了，但若尚未除去也无妨，可以将手指从旁伸入。倘若乳罩带子解不开，也可以诚恳地对她说：“我想吻一吻它。”

可以温柔地触摸乳头和乳头四周，然后上下左右对乳房进行反复抚摩。这一动作有时仿佛戏弄，有时仿佛不知所措，其中穿插接吻。

经过这一阶段，女性的情绪安定，情欲也随之不断高涨。这正是女人要求男人应尽的义务。

进一步爱抚

接下来是爱抚下半身。

此时，女人的内裤或许还未褪下，顶多也就褪去了长筒袜。说不定连长筒袜也未褪去，因为即使到这一步，女人也未必轻易肯褪去。

这时候隔着内裤也无妨，将手指轻轻移到她的秘处。此时切不可粗暴、动作过大，也不可因为触到了秘处，便一口气不管三七二十一地褪去内裤。正确的做法是手指慢慢在其上匍匐移动，时而轻按像红巾揾泪，时而又点拍像蜻蜓戏水，耐心地等待她欲火越燃越旺。

自然，她有可能会反抗，扭动身体躲避，或者紧闭双腿。但是无妨，手上继续抚摩，渐渐地她自会减小力气，不做反抗，这时再褪下内裤便易如反掌了。

以上的过程磨磨蹭蹭，令人急不可待，是多余的。——或许会有人这样想。但是不要性急，接下来还有哩。

褪下内裤之后，还需对她的秘处继续缓缓地爱抚，主要是围绕着阴蒂，动作务必轻柔。

总之，男人一定要具有足够的耐心。

理由非常简单，因为只有这样才能令女人的身体渐渐适应男人的身体，情绪高涨，阴道也逐渐润滑起来，这才算做好了接纳男人插入的所有准备。也只有这样，她才能毫无痛感地迎纳男人的性器进入，并享受到性爱的欢悦。

换言之，男人和女人都达到了能够充分满足、享受到性爱的阶段。

交合和后戏

交合的过程每人各有所爱，只要男人喜好，女人也在容许范围便可。

一般情况下，男女交合的体位有正常体位、侧卧位以及后背位和骑马位等，林林总总，不一而足。但是新手的交合，还是正常体位来得自然，双方容易接受。

此时必须牢记的是，不可强迫女人采用令其困惑或者厌恶的体位。

插入进去之后，男人也不可以立即急速抽送，应暂时“按兵不动”，借此机会充分感受女人身体的温润和柔蜜。因为此时，女人刚刚接纳男人的性器进入自己体内，既惊惧又惘然，在这种状况下，假如不顾一切、粗暴地急速运动，会令对方根本无暇体会欢悦的感觉。

总而言之，男女交合须遵循的原则是轻柔与温和。

当然，对于少不更事的年轻人特别是初试锋芒的人来说，如此收放自如也确实够难为的，这时候按照自己的步调进行也无大碍。

但是射出之后，不要忘记，仍应紧紧拥抱对方。这个阶段便是所谓的后戏，可以靠近她，身体相依，或者接吻都可。

即使男人已经精疲力竭、沉沉欲睡，但此时女人还刚刚觉醒。自己唤醒了她，待她精神焕发的时候，自己却又疲沓沓想歇鞍，岂不是太自私任性了？倘使这样，女人则希望不如不唤醒她哩。

后戏是整个性爱过程的尾声部分，因而绝不能掉以轻心，草率了事。男人也应当充分体察到女人的情绪，主动契合她。

完成了以上整个过程，相信你同她的关系一定进入到了一个崭新的世界。

什么是“悠爱”

近来，“悠爱（slow love）”一词开始流行起来。这是一个关于男女性爱的倡议。

其含义通俗易懂地说就是，对于性爱，男人不应性急，而应当舒徐、自然、轻柔地进行。

迄今为止的男性中心社会中，男人可以随心所欲，在性爱方面则常常显得非常粗暴甚至强求，而不少男人还习以为常，认为是理所当然的。

换句话说，男人以欲望的处理、欲望的发泄为导向，无视女人的感受和对于性快感的追求，连考虑也不加考虑。其结果便是，在男女两性之间产生了失衡现象，无法令男人和女人共同享受到内容充实的性爱。

事实上，在已婚夫妇中，已有多例性爱得不到满足的事例被报告，其中妻子一方几乎感受不到性爱的快感，还有不少妻子厌嫌甚至逃避与丈夫性交。

如今号称是男女平等的时代，男人单方面追求和享受性爱的时代理应终结，取而代之以男人和女人共享性爱带来的欢悦时代。

这里最重要的，就是要体察并契合女人的步调节奏，这也就是“悠爱”的核心之所在。具体来讲，与本书此前所述基本相同，就是要站在女人的立场上，所以说性爱是男人和女人两个人的共同作业。

这对于男人尤其是年轻男人来说，或许委实有些辛苦，需要付出忍耐。但另一方面，对体力稍显不济的中老年男人来说，则比较容易做到。其实，中老年男人是否做得到“悠爱”也不一定，他们也已经习惯于男人中心的性爱方式，未必能够充分满足女人。

换句话说，日本的男人真应当重新审视一下性爱的问题，尽力照顾到女人的性爱特性，并努力满足她们。

然而，难保没有人仍旧歪着头嘀咕："为什么非得那样做不可呢？"理由只有一个，因为只有男人和女人同时从性爱中强烈地感受到了欢悦，两个人的结合才能更加牢固。

男女间最完美的爱，产生自和谐的性爱，并且在不断的重复中愈加坚固、愈加高大起来。

能够正确地引导女人、满足女人的男人，才称得上是真正意义上的好男人。

·第十三课·

锐挫的时候怎么办

在性方面，男人完全是诚实、毫无虚饰的。从女性角度看，那样雄赳赳、气昂昂的东西横冲直撞，说不定有些可怕，但事实上，它在不停地观察四周，一有风吹草动就立刻偃旗息鼓，内中是十分怯弱的。

至此，我们已经考察了男生从接近女生一直到恋爱成功的整个过程。相反，这里还将考察一下在最后关头失败的过程。

最后关头失败是什么意思？具体地说，就是无法完成最后的性爱过程。

对心仪的女性追求不舍，经过反复约会，终于俘获了她的芳心，只差两人甜蜜地交合了。这一路跋涉下来，关键的性爱却无法完成，也就是男人突然 ED（阳痿）的情况并不少见。这种情况，对任何男人来说，都是巨大的打击。

以下，可以称之为专门针对这种情况的处方笺。

小试锋芒的那夜

说到 ED，或许会认为是某种特殊的病症或者异常症候。其实，这是男人经常会出现的现象，并不是什么罕见的事情。

这一点，首先请各位牢牢记住。

说一段关于我自己的故事，算是一则病例。

那年夏天，我二十四岁，还是一名刚从大学医学系毕业的实习医生。

我当时住在札幌，前辈领着我去过几次繁华有名的欢娱街薄野一带。在 S 夜总会里，我结识了一位名叫千景的女孩。她年纪比我大一岁，是 S 夜总会里人气最旺的皇后，当时已经和一个男人生有一个孩子。听人说，那个男人是薄野数一数二的花花公子，虽然两人已经分手，但她仍旧从他那里得到金钱上的援助。

为什么会同她好上呢？

首先是我觉得她非常可爱，待人无微不至，而她也对我有好感，于是两人便迅速地接近了。

某日，我同她一起到稍稍远离札幌的支笏湖旅行，那天夜里便住宿于湖畔的旅馆。

在那之前，我曾先后同三个女性有过肉体关系。三人都是处女，一个是以前的高中同学，一个是白领一族，另一个则是比我年长的西式服装裁剪学校老师。从这个数字来看，我绝对不是“锋芒待砺”，在同龄人当中也算经验不少的了。

可是那天夜里，当我和她喝了些酒、用完晚餐，上床抱紧她，打算干那事的时候，却突然发现自己垂头丧气，没法做了。

为什么会这样？我自己也无法相信，不由得慌里慌张。

一直到那时为止，我从来没有不行过。偶然有状态不佳的时候，但只要一被对方爱抚，立即便恢复元气，精神抖擞起来。但是那晚，我却怎么也无法勃起，而且心里越是着急，这家伙偏越是萎靡不振。

这究竟是怎么回事？我简直不敢相信。正在这时候，她却轻柔地对我说道：

“今夜早点休息吧。只要和你拥抱在一起，我就已经很高兴了……”

说罢，她紧紧地贴住了我的身体。

可她是做好了与我交合的思想准备，就在刚才，她还自己褪下了内衣裤。为什么，仅仅依偎在我身旁她就满足了呢？是不是她知道我不行了，对我表示同情呢？

想到此，我觉得这是关乎男人面子的重大问题，无论如何……可是，无能为力的事情终究是无能为力。

无奈，我只得闭上眼睛，在对不争气的自己极度失望中，迷迷糊糊地进入梦乡。

过去的幻影

第二天早上，我总算朦朦胧胧地找到了其中的原因。

难得的机会让我得以同她共度良宵，这使我兴奋不已，心里暗暗逞强，结果兴奋过头了。

——今夜，我就可以同夜总会里人气最旺的皇后结合交欢了，我一定要做得漂亮，让她得到最大满足，除了她的心，让她的身体也真正喜欢上我。

以前与女性发生第一次关系时，心里也会这样寻思，但是那晚情况却稍有不同。因为我一边这样想着，一边脑海里还不时掠过另一个男人的模糊影像，她曾经喜欢过、与他没结婚便生下孩子的那个人。虽然我没有见过，但听说过，知道他是个四十岁出头的中年男人，薄野一带出了名的花花公子。而我眼前这个可爱的女人，曾被那个男人深深地爱过，也被他酣畅淋漓地满足过。

我的脑子里，“绝不能输给他”的念头越来越强烈。

虽然我不像那个男人那样花花公子一个，但是我年轻、我健康，绝对不会输给他。

不知不觉中，我逞强好胜起来，也渐渐地不安和性急起来，竭力想表现出我最强的一面。

最终，逞强好胜的心理起了反作用，使我突然挫缩不振了。

事实上，当我拥抱她的时候，心里就在不住地想：这具美丽的胴体曾经被一个老到的白相人拥抱过，从他那里享受过无与伦比的快感和欢悦……这样想着，“少将军”一下子便萎缩衰歇了。

换句话说，在我竭力想做得比她以前的男人更出色的那一瞬间，我突然阳痿了。

其实我是因为对过去的幻影（她以前的男人）意识过度，逞强过度，才自行败北的。我输给了一个看不见的对手。

还想和你在一起

照这样回到札幌，然后与她分手，或许我将永远成为

ED。不仅如此，我不单对她失去自信心，在其他女性面前也将自信心全无，从此度过一段暗晦的青春岁月。

可是第二天早晨，她像彻底忘记了昨夜的事情似的，依旧开朗明快，同我在湖畔一直游玩到将近中午。下午，我们一同回到了札幌。

眼看分别的时刻即将到来。这时她对我说：

“哎，还有些时间，我们去旅馆吧？”

我立时愣住了。她又对我说道：

“我还想和你在一起。”

她说什么？

这是多么感人的一句话啊！

我欣喜若狂地点头，两人立即来到附近的一家情人旅馆。

一进房间，她立即主动抱住我、亲吻我，接着便倒在床上。

坦率地说，那一刻，潜藏在我脑子里的对于她前一个男人的自卑感早已彻底地灰飞云散了。因为她明确地告诉我，她不想离开我。她明知昨夜我锐挫气索，仍然对我说，乐意与我一同去旅馆。而从倒在床上的瞬间起，她不停地喃喃道：“我喜欢你！”还主动朝我身体贴过来。

受到她如此的鼓舞和激励，我失掉了自信的“少将军”

立时精神抖擞。我心里暗自想：她没有抛弃这个不中用的我，霎时间，我们两个紧紧地结合在一起了。

而她，对我这个半生不熟的毛头小伙，还一个劲地夸赞："你真棒！"男人就是这样，越是称赞、戴高帽，就会变得越强悍。

在她充满喜悦的夸赞中，我精神百倍，越战越勇，两人都享受到了最高的快乐。

傍晚，当街头亮起璀璨的灯光时，我们相约下次再见，然后才依依分别。

我们的这次旅行非常成功。

说实话，我的ED经验仅此一次而已。那以后，我再也没有因为心理原因而突然变得不中用过。非但如此，比起以前我觉得自己更加强悍、更加出色了。

无疑，这是因为在我和曾被无数花花公子追求过的她之间，已经有了极其亲密的关系，从她身上得到了满足，并且从中我重拾了自信的缘故。

后来和她又见过数面，甚至去过她的家，和她的孩子也相熟了。虽然最终没有结婚，但和她的关系还是保持了很长一段时间。

通过这个事例可以清楚地发现，自信可以让一个男人变得更强。

当然，这其中她的亲切和善解人意也功莫大焉。假如那个支笏湖之夜，当我垂头丧气的时候，她一个劲地诘问我："怎么了？""不行了吗？"而不是温柔地说："只要和你拥抱在一起，我就已经很高兴了……"假如第二天她没有主动提议再次去旅馆，或许我也从此变得不中用了。

说她拯救了我，实在一点也不过分。

男人毁灭

所有 ED 的发生，都有其相应的原因。

高龄者的情况暂且不论，年轻人的ED几乎无一例外，都是由于心理因素导致的，而不是因为体弱力衰的缘故。而所有的男人虽程度有轻有重，几乎都有过 ED 或者类似情况的经历。

这绝不只是某些特定的男人身上才可能发生的、特殊的事情。

而发生的理由也很简单。

例如，"我会不会不行啊？""我真的能让她满足吗？""无论如何，我要让她见识见识我的厉害！"等，内心惴惴不安、对自己的过度期待以及自我感觉过于良好，这些都有可能导致临阵挫枪头。由此可见，男人阴茎的勃起和萎缩大多是心因性的，极易受当时的情绪和各种心理活动的影响。

因此，与女人交合的时候，首先必须在精神上尽量放松，树立自信心。

当然说起来容易，但要真的做到却并不简单，有时候不管怎样努力也无法做到。因为，性交行为不是独自一个人完成的，毕竟还要与女性两个人共同来完成。

随着同对方的交合次数增多，对方从中得到越来越多的满足，“你真棒！”有了她的赞许，男人才会越来越自信，也变得越来越强。

相反，如果对方一味嗔怪：“不想跟你做！”“太差劲了！”总以漠不关心的态度应对，则男人就会逐渐失去自信心，并且反映到身体上，确确实实地变得不行，也就是差不多 ED 了。

说句极端的话，毁灭一个男人是不需要刀子的。

尤为严重的是，假如一个男人接二连三地遭到不同的女性批评讥讽：“你实在是太不行了！”“跟你根本就享受不到快感！”“嘁，这么小！”这个男人深受打击，无法从性交的失败中重新站起来，一定会成为真正的 ED 患者。

乍看起来，性交好像是男人积极主动、女人被动迎合的行为，其实不然。虽然形式上女人是被动的，但在这个过程中女人所体现出来的态度、女人的反应和感受，既能够赋予男人自信，也能够带给男人失望。

男人常常对女人的反应亦喜亦忧，有时候是因为他们涉“事”未深，性技巧还半生不熟的缘故，因而他们往往通过对方的反应来对自我进行评价，自信心不足的人，更加倾向于以处女为交合对象。

而面对有着不同男人体验的成熟女人，男人必定会陷入不安，觉得对方一定在观察自己、将自己与别的男人进行比较；而处女的场合，由于其没有可比较的对象，故而男人容易建立自信，觉得对方会将自己当作最棒的。

不必恐惧失败

所以说，在性方面，男人完全是诚实、毫无虚饰的。从女性角度看，那样雄赳赳、气昂昂的东西横冲直撞，说不定有些可怕，但事实上，它在不停地观察四周，一有风吹草动就立刻偃旗息鼓，内中是十分羸弱的。

故此，对于真正喜欢的爱着的男人，希望女性对他们的“少将军”也倍加爱护，尽力以温柔的态度对待。

其实，从古到今，欢娱场中的女子时时将奉承男人的话挂在嘴边，捧得男人心花怒放，这也是她们让客人玩得开心的技巧之一。事实上，这种亲切温柔的技巧在相爱的男女之间更加需要。

当然，要一般的女性做到这一点也不无难度，在此至少希望女人们明白，男人有时候并不如想象的那样强壮，他们的身体是不会耍花招的，是极易受伤的。

只要女人的态度足够温柔、体贴，男人的ED必定是可以医好的。

另一方面，男人明白了自己身体那部分并不像外表一样强壮，而是极其脆弱的，就更加不必恐惧失败，以乐观的精神去积极面对，反而会减少失败。

万一出现ED的情况，也不妨坦率地告诉对方：“我实在太喜欢你了……不要心急，稍等等……”同时温柔地拥抱对方。比起不顾一切地蛮干硬上，这样安静下来和她相拥，更加能令对方安心，并且更加容易重新振作起来。

·第十四课·

世界为什么有男有女

女人的深远的爱，与男人的迅即清醒，都是符合生物进化法则的，各有其积极的社会意义。

至此，我们已经考察了恋爱的整个过程，也就是在恋爱实践中，应当如何一步一步向前深入，以及应当注意哪些事项。

在最后这一讲中，主要讲述一下在恋爱以及性爱过程中男女的最基本的、最根源性的差别。

这些是当审视男女关系时首先必须了解的原点，恋爱中的男人自不必说，女人也应当加以了解，作为理解男人和女人不同特性的基础。

为什么说男人好色

先来看男人和女人的欲情，尤其是男人对于女人的欲情和女人对于男人的欲情。

男女两性不用说是大相径庭的，而在性的欲望方面，两者更是有着天壤之别。

一般来说，男人对女人身体特别是女人的裸体怀有强烈兴趣，往往看到就会激起种种欲念。大多数女性行若无事般暴露的胸部曲线、领口处的乳沟等自然毋庸赘言，就是短裙下面露出的大腿至脚尖，领口至下颌的曲线，都会让男人看了兴奋不已。甚至，少数男人对女人的内裤、吊带衬裙等也怀有嗜痂之癖，一有机会便偷觑几眼。

事实上，不时还有专偷女人内裤的盗贼出现。坦率地说，这类行为其实是男人天生所具有的对于女人的性欲望的一种扭曲表现。当然，这些行为是不为社会所允许的，但是可以说，所有男人的内心深处都潜藏着这样的本能冲动。

想一想昔日脱衣舞盛行时期那类剧场里男人的丑态：年轻女郎扭动着全裸的身体忸怩起舞，吸引一众男人目不转睛观看是自然的了，而稍后略微年长的舞女蹲下身子，两手遮住秘处，一张一合地挑逗观众，也就是所谓的“开帐”。这时候，剧场内所有的观众一齐涌到台前，几百双眼睛紧盯着那一点，不论年长年轻，有钱人还是穷人，大学教授还是街头小混混，所有人争窥那一点的欲望是相同的，这一刻所有观众的脑子里共鸣着同一种声音：“我们都是男人。”

由此可见，男人天生就是看到女人的裸体就兴奋的动物，并且，越是年轻的女人兴奋度就越高。

相传古时候，大和国的久米仙人成仙之后驾云腾空，在天空中飞行之际，看到在吉野川里浣纱的年轻女性白皙的腿部，结果失去神力，从空中坠落下来。这则寓言告诉我们，连仙人都抵不住女性白皙的小腿的魅力，那么，普通的饮食男人对女人的裸体着迷，为之兴奋、激起欲情，也是情理之中的事情。可以说，这样才是“男人的证明”。

相反，女人对男人的裸体却不甚感兴趣，几乎不会因为看到男人的裸体而兴起欲情，不少人甚至看到后避开视线，心头生出一种厌恶之感。

现实生活中，男人的内裤被偷或是女性杂志上刊登男人的裸体写真之类，几乎很少听说。

为了人类的延续

造物主为何独独赋予男人如此强烈的对于女人身体的

欲望呢？倘若这种欲望稍许削弱一些、有节制一些，对世界上的男人来说，将是多么大的救赎啊，男人将能够更加安稳地度过一生。

然而现实生活中，对女人身体了无兴趣的男人，只是极微的少数，几乎大部分男人都对女人的身体充满了兴趣、充满了欲情。

个中的理由极为简单，也是非常根源性的：

“为了让人类不至消亡。”

前面也曾提到，男人通过对女人身体不灭的欲情，而使得人类避免消亡，一直延续到今天。假如男人像女人一样，对异性的身体缺乏好奇心，激发不起欲情，毫无疑问，人类一定在很早以前就已经灭绝了。

所有男人进入思春期后，会不由自主地对女性身体产生强烈的憧憬和欲望，渴望接近女性，并为此付出各种各样的努力。这个过程，也就是前面所讲述的所谓“恋爱”过程，但是男人的终极目标，无非是拥有女人的身体，与之交合。

与此不同的是，女人的性欲望并不十分强烈，相反，她们更希望男人温柔地接近和如获至宝般地爱护她、守护她，换言之，更加渴求精神上的爱。

倘使单纯只有精神之爱，就不会妊娠、生育，作为一个种群，人类势必无法得以繁衍存续下去。因此，这里还需要的必要条件就是男人对于女人的性欲望。借着这种欲情，女人从被动地被引导和接受性爱，并在重复不断的交合过程中，逐渐体验到性爱的欢悦，性意识得到觉醒，而最终自发地参与到这种过程中。

这个过程，当然是两个人的关系极其健康和顺利的情况。即使不很顺利，但在男人强有力的性欲面前，女人的身体因之骚动，也经常会导致妊娠、生育的结果。

由此可以看出，男人的性欲望是多么重要。

是的，男人对于女人身体的憧憬和欲情，也就是所谓的“好色”，将它称之为人类永远延续下去所必不可缺的原动力也一点不为过。

因此，男人为女人的身体而兴奋、渴望拥有女人的身体，本是造物主所赐予的自然法则，是为了人类繁衍存续而产生的基本冲动。这也是自然界中的所有雄性动物所共通的。

事实上，自然界许多雄性动物，为了一生仅有一次的交合，会无私地替雌性劳作，为雌性觅食，或展开美丽的翅膀大跳生命之舞，竭尽全力博取对方的青睐。人类社会，自然也有男人以爱的誓言或金钱去俘获女人的芳心，达到与之交合的目的。

正是由于有了男人的欲情，人类才延续到了今天。

至于男人更加易为年轻女人的身体所吸引，更加渴望与年轻女人交合，则是因为年轻女人更容易妊娠、诞生后代的潜意识所致，也与人类的基本愿望有着密切关联。

不管怎样，从男女两性的原点出发来考察的话，男人的好色绝对不是坏事，它本身非但无所谓卑琐，相反还是造物主赐予的宝贵资质。因此，男人尽可不必理会好色的评判，大可充满自信，坚持向女人示爱。

当然，如果越过了法律的界限，走上犯罪道路，那自然是绝对不能容许的。

性感带的差异

关于男女从性的角度讲有着天壤之别这一点，本书中已经多次提及了。

这种差别不单单指外观上肉眼可以看到的部分，在对于性的感受方面，两者也是千差万别的，其中最为明显的，是感受性快感的部位及广度。

男人能感受到性快感的部位——也就是性感带——是极其狭窄的。坦率地说，虽然各人之间略有差异，但是基本上也就局限在阴茎以及阴茎周围的狭小部位。其他部位像乳头，抚摸上去顶多只有瘙痒的感觉，多数人还会因为被触摸而感到不悦；至于颈部、胸前的后背等处，也基本感觉不到性的快感。

而女人的性感带则要宽广和丰富多彩得多。

除了阴蒂和阴道口周围以外，唇、胸部、乳房、耳朵、颈部、腋下、后背、大腿以及臀部等，几乎都是性感带。不过这需要两个前提条件，即女人爱恋对方并心身共许，和对方同时以爱的絮语辅以温柔的爱抚来进行猛攻。倘若不能满足这两个条件，例如被厌嫌的男人执拗地逼迫，或者对方只顾自己满足而动作粗暴等，则女人非但感受不到快感，甚至会产生或增加其厌恶感。

因此，女人的性快感只有在与特定的男人交合过程中才会被体验到，除此以外，可以说几乎感受不到快感。

而男人就显得不这样拘执。男人的身体一般不怎么选择对象，说得不中听些，只要是女人，尤其是年轻和美丽的女人，哪怕只搭过一次腔，不需要太多的感情交流，也可以激发起其欲情。在极端的情况下，个别男人甚至可以从强奸中得到性满足。

女人则若非心仪的男人、尊敬和爱恋的男人，是不可能感觉满足的。

从这个意义上说，女人对于性的快感，只有在与心爱的男人交合之际才会产生和被感受到，因而是极度精神性的。

V字形与八字形

与性感带的广度同等重要的，便是性快感的深度和持续时间。

在这一点上，男人是极其短暂而瞬时性的。

女人褪去衣服，慢慢地露出柔滑曼妙的躯体——在这个过程中，男人已经激情澎湃，当触摸和爱抚女人的乳房以及阴部时，兴奋达到顶点，会有一种情不自禁想立即插入的冲动。

此时若是稍许花些时间，对女人进行反复的爱抚，势必令女人情绪安定、性欲高涨起来，可是，年轻和性经验少的男人却顾不得这些，只想快快交合。一旦插入，便立即剧烈运动起来，很快就会完成射精，这时男人登顶达到了快感的极致，随着全身的震颤获得了性交的欢悦。

这种欢悦是势不可挡、无法抑制的，也是没有任何东西可以替代的痛快淋漓。遗憾的是，它只是极为短暂的一瞬，大约仅数秒钟而已，在这之后，男人便急速地坠入一种虚脱状态，感到松弛和无精打采的倦怠。

这也是所有的雄性动物共有的。

雄性鲑鱼在射精后，精气殆尽，漂浮在水面，被戏称为“余江浮尸”，以致一头笨拙的黑熊也能轻而易举地将它们捕获。而雄性的螳螂在射精之后便被雌性螳螂吞食掉。就动物而言，射精的同时生命结束也非罕见。因此，对于雄性动物来说，射精只是瞬间的欢悦，而它同时带来的却是一种接近于死亡的终焉感。

与此形成对照的则是，女人对对方的好恶暂且不说，性交在广泛的意义上是走向未来的开端，尤其是与自己爱恋的男人交合，除了带来强烈的快感以外，性爱的余韵还会长久地留在身体内，并由此进一步扩展至妊娠、生育、育儿等人类的其他基本活动。

比较两者可以看到，男人在性爱的最初阶段快感强烈，委惰也迅急，可以称之为是虎头蛇尾的 V 字形；而女人在初始阶段快感较弱，但是随着性爱的进行而逐步深化，其快感深度能够持续较长的时间，远远超过男人，并且这种感觉还可以向未来延续，好比一个八字形。

男人也好女人也好，丈夫也好妻子也好，都必须清楚地了解这种男女之间在性爱上的差异。当男人疾风骤雨地运动而完成射精后，掉转脸孔沉沉睡去的时候，妻子就不会单方面地责之为“冷血”“没情趣”；而当妻子交合之后仍恋恋不舍地贴身过来的时候，男人也不至于不耐烦地数落和扫她的兴了。

最重要的是，当了解这些男女之间的差异后，性爱之后的两者关系就不会仅止于单纯的本能了，而是互相体谅对方、互相关心对方的高度理性的爱了。

人这种动物

尽管明白了以上这些道理，但有时还是会忍不住迷惑：为什么造物主将男人和女人造得如此大相径庭呢？如果男人和女人更加接近些、相似些，在性方面就不会产生诸多麻烦了。

可是，从积极的角度去思考，我们就会发现，正因为男人和女人的身体以及感受性如此不同，相互间才会产生强烈的吸引、强烈的追求。不能不感佩这其中蕴含了造物主的超凡智慧。

为性爱而狂的雄性、男人，是子孙后代得以繁衍的原点。而女人接受这种性爱，才能得以妊娠和生育子孙后代，人类也才能延续至今。

然而，男人在性爱时的欢悦是瞬间性的，与此同时已经恢复了清醒，大脑迅即切换到了别的地方。

事实上，许多女人不理解：为什么男人在完成交合后，会若无其事地乘车、赶往公司，去做别的事情？也有许多女人望着交合之后顾不得沉浸在性爱的余韵中，却急着去忙工作的男人问道："我和工作到底哪个重要？！"

此时，多数男人的回答是暧昧含糊的，但其真心却是"工作"。与其在床上和妻子同温余韵，还不如去办公桌前做自己的工作。

为什么？

因为男人体内，快乐的残滓已经一无所余了。随着射精而产生的欢悦早已退去，心绪一转，立即恢复到正常的状态。

"太过分了，把我一个人丢下！"相信多数女人会忍不住发牢骚。

其实换个角度看，这正是造物主赐予人类的英知。

射精的同时，男人的大脑立即切换到工作上去，这是男人的特性。由此，人类社会才会发展、繁荣和延续，因为男人离开小家进入社会这个大家劳作，使社会的生产性得以提高，人们的物质生活才能丰富。倘若男人与女人一样，一直留恋床笫，沉浸在性爱的余韵中，人类社会势必越来越贫困，最终走上灭绝之路。

因此，女人的深远的爱，与男人的迅即清醒，都是符合生物进化法则的，各有其积极的社会意义。

人与其他动物相比最为优秀之处在于，在生育后代之后，仍然能够长久生存。

世界上多数动物都是在交尾、生育后代之后，便急速衰老、死去，换句话说，它们是用自己的死换取子孙后代的生存。我们日常生活中所见的猫狗等，一般生育后能存活十至二十年。不过，这些都是动物中的高等脊椎动物，因而才有这样的生命力，寿命最长的猿猴也不过才生存三十年左右。

而我们人类，在迭次的性交和生育子孙后代之后，仍然能够生存数十年之久。其间，对于性的好奇心和欲情也始终不减。像这样思春期（相当于其他动物的发情期）结束后，仍然生存数十年的动物，除了人类，别无第二种。

由于在生育之后仍然能够生存数十年，人类不仅可以繁衍下一代，而且可以教育下一代，并为下一代留下更多的精神及物质财富，从而更加促进整个人类的进步。

倘若只有思春期才能随兴而动、随欲望而交合，一旦生育出下一代之后便结束自己的生命，人类就不可能积累起高度的文化和文明，恐怕早已在世界进化过程中被淘汰而灭绝了。

因此，从人的本质上来考察男人和女人，就能理解造物主其实是极其巧妙地创造出了人类这个伟大的物种。

爱上一个人，心仪某个异性，自然是件非常美好的事情、非常重要的事情。但同时，如果我们能不时地回到男人与女人的原点上来思考，就会彻底明白，对方对于自己来说是多么重要，是这个世界上不可替代的伴侣。

图书在版编目（CIP）数据

欲情课 / (日) 渡边淳一著；陆求实译. —北京：九州出版社, 2014.7

(渡边淳一经典作品集)

ISBN 978-7-5108-3142-3

Ⅰ. ①欲… Ⅱ. ①渡… ②陆… Ⅲ. ①恋爱–通俗读物 Ⅳ. ①C913.1-49

中国版本图书馆CIP数据核字(2014)第170569号

版权合同登记号 图字：01-2014-5024

欲情课

作　　者	(日) 渡边淳一 著　　陆求实 译
出版发行	九州出版社
出 版 人	黄宪华
地　　址	北京市西城区阜外大街甲35号（100037）
发行电话	(010) 68992190/3/5/6
网　　址	www.jiuzhoupress.com
电子邮箱	jiuzhou@jiuzhoupress.com
印　　刷	三河市万龙印装有限公司
开　　本	880毫米×1230毫米　32开
印　　张	6
字　　数	86千字
版　　次	2015年6月第1版
印　　次	2015年6月第1次印刷
书　　号	ISBN 978-7-5108-3142-3
定　　价	39.80元

渡边淳一经典作品集 · 两性随笔

“两性情爱指引四部曲”之一
《男人这东西》

“两性情爱指引四部曲”之二
《女人这东西》

“两性情爱指引四部曲”之三
《丈夫这东西》

“两性情爱指引四部曲”之四
《欲情课》

做好书

做好书